高等职业教育汽车类专业系列教材

新能源汽车驱动系统检修技术

主　编　林土淦　王佳奇　刘　亮

副主编　陈健健　蒋　燕　陈德灯　毛献昌

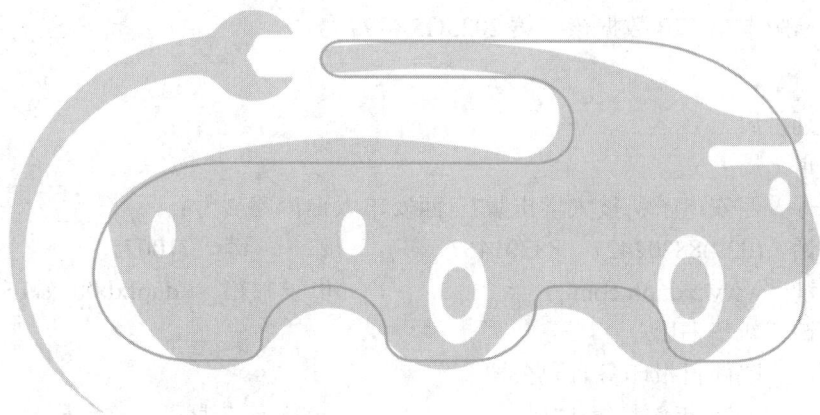

西安电子科技大学出版社

内 容 简 介

本书共分为 6 个项目：项目 1 为新能源汽车驱动系统认知；项目 2 为驱动电机的检测与维修；项目 3 为驱动电机控制器的检测与维修；项目 4 为冷却系统的检测与维修；项目 5 为混合动力汽车驱动系统及其检修；项目 6 为五菱 G100 汽车驱动系统台架介绍。每个项目中都给出了项目描述，之后安排了 1~2 个任务，最后提供了拓展阅读内容和思考与练习，这样的安排旨在帮助读者系统学习并掌握新能源汽车驱动系统的检测与维修知识，提高实际操作能力，解决工作中的实际问题。

本书可作为新能源汽车技术专业学生的教材，也可作为从事新能源汽车维修工作的技术人员的参考书。

图书在版编目(CIP)数据

新能源汽车驱动系统检修技术 / 林土淦，王佳奇，刘亮主编. -- 西安 ：西安电子科技大学出版社, 2025. 7. -- ISBN 978-7-5606-7604-3

Ⅰ. U469.703

中国国家版本馆 CIP 数据核字第 2025G5X899 号

策　　划　周　立
责任编辑　周　立
出版发行　西安电子科技大学出版社(西安市太白南路 2 号)
电　　话　(029)88202421　88201467　　　　邮　　编　710071
网　　址　www.xduph.com　　　　　　　电子邮箱　xdupfxb001@163.com
经　　销　新华书店
印刷单位　陕西日报印务有限公司
版　　次　2025 年 7 月第 1 版　　　　　2025 年 7 月第 1 次印刷
开　　本　787 毫米×1092 毫米　1/16　　　印　张　8.5
字　　数　193 千字
定　　价　35.00 元
ISBN 978-7-5606-7604-3
XDUP 7905001-1

*** 如有印装问题可调换 ***

前　言

新能源汽车已成为未来汽车产业发展的重要方向。驱动系统作为新能源汽车的核心组成部分，不仅关系到汽车的行驶性能，还直接影响到能源的利用效率与环境保护的效果。因此，对新能源汽车驱动系统进行深入研究，既具有重要的理论价值，又具有深远的实践意义。

本书以立德树人、德技并修、面向实践、强化能力为指导思想，以职业综合素质和行动能力培养为目标，依据国家职业技能标准及技能人才培养标准编写而成。本书不仅介绍了新能源汽车驱动系统的理论部分，而且将企业典型工作任务的实际工作过程和在校学习实践过程融为一体，通过设置和实施工作任务，让读者掌握新能源汽车驱动系统知识。

新能源汽车驱动系统是一个复杂而庞大的系统，涉及多个学科领域的知识与技术。本书在编写过程中，进行了大量的市场调研，紧跟行业的发展进行了"岗课赛证"一体化设计，书中主要内容包括新能源汽车驱动系统认知、驱动电机的检测与维修、驱动电机控制器的检测与维修、冷却系统的检测与维修、混合动力汽车驱动系统及其检修、五菱G100汽车驱动系统台架介绍共6个项目，多个典型工作任务。每个任务以实际工作情景导入，以国产自主品牌车型为例，实践操作技能对标新能源汽车技能国赛标准工作流程，融合1+X职业技能等级证书，力求做到任务实施规范化、专业化、标准化、精细化，真正实现赛教融合、岗课赛证融通，并避免现有新能源汽车教材内容偏设计制造技术导致理论性太强的缺陷，使教材更加贴近汽车维修企业实际工作及职业教育的特点。此外，项目六还以五菱G100汽车驱动系统为例，对其驱动电机台架进行介绍，这样安排的目的是进一步使读者加深对新能源汽车驱动电机系统的理解。

　　本书由广西交通职业技术学院林士淦、王佳奇，南宁市第四职业技术学校刘亮担任主编；南宁市第四职业技术学校陈健健，广西交通职业技术学院蒋燕、陈德灯、毛献昌担任副主编；广西交通职业技术学院黄显昆、黄志杰，南宁市第四职业技术学院夏斌参与编写。在编写过程中，我们查阅了大量书籍、文献和资料，引用了一些网上资源，借鉴了原厂维修手册。在此，向相关作者们表示衷心的感谢！

　　由于新能源汽车技术在飞速发展，且编者水平有限，书中难免有疏漏和不足之处，敬请广大专家和读者批评指正。

编　者

2025 年 1 月

目　录

项目 1　新能源汽车驱动系统认知

项目描述

驱动系统是电动汽车最主要的系统之一。传统燃油车以发动机和变速箱作为动力系统核心，其结构复杂、零部件较多且供应链庞大；新能源汽车以驱动电机作为动力输出，其设计构造更为简单高效。相比传统燃油动力系统，电驱动系统大幅提升了功率密度，同时大幅减少了成本、体积、重量，降低了新能源整车开发和供应链管理难度。

新能源汽车驱动电机系统由驱动电机、电机控制器与冷却系统等组成，通过高低压线束和冷却管路与整车其他系统连接。本项目主要学习驱动电机系统、驱动电机控制器及冷却系统。本项目包含以下两个工作任务：

任务 1.1　认识驱动电机系统；

任务 1.2　认识驱动电机控制器及冷却系统；

通过完成以上 2 个工作任务，学生应能够识别驱动电机系统、驱动电机控制器及冷却系统，为驱动系统检测与维修打好基础。

任务 1.1　认识驱动电机系统

任务目标

知识目标	技能目标	素养目标
了解新能源汽车"三电"系统的含义	能在整车上指出"三电"系统的名称	培养爱岗敬业的价值观，弘扬专业自信、实践创新的工匠精神
了解新能源汽车驱动电机系统的组成、发展现状与发展趋势	能在整车上指出驱动电机系统各部件的名称	
了解驱动电机的分类	能区分不同类型的驱动电机	
了解不同类型电机的特点及性能	能区分不同类型电机的特点及性能	
了解驱动电机的性能要求	能区分纯电动汽车与混合动力汽车对驱动电机的性能要求	
了解驱动电机的铭牌型号	能看懂驱动电机的铭牌信息	

1.1.1　新能源汽车"三电"系统

新能源汽车,尤其是电动汽车的核心部分是"三电"系统——驱动电机系统、动力蓄电池系统和整车电控系统,其基本结构如图 1-1 所示。动力蓄电池系统是新能源汽车的动力源泉,负责储存和释放电能,为车辆提供能源;驱动电机系统是新能源汽车的动力来源,负责将电池提供的电能转化为机械能,驱动汽车行驶;整车电控系统是新能源汽车的大脑,负责控制电池、电机和其他辅助系统的运行。

图 1-1　新能源汽车的三电系统

1. 驱动电机系统

驱动电机系统作为电动汽车三大系统之一,是车辆行驶的主要执行机构,其特性决定了车辆的主要性能指标,直接影响车辆的动力性、经济性和舒适性。

国家标准《电动汽车用驱动电机系统》(GB/T 18488—2024)中规定:驱动电机系统(Drive Motor System,DMS)是指驱动电机、驱动电机控制器及它们工作必需的辅助装置的组合。

电动汽车主流的电机类型主要有永磁同步电机和交流异步电机等。目前,电动汽车常用的电机额定功率基本可以满足整车的驱动需求,很多电动汽车都具备制动能量回收功能。

2. 动力蓄电池系统

动力蓄电池作为电动汽车的能量源,是电动汽车的核心部件之一。作为"三电"系统中最贵的核心器件,动力蓄电池的性能直接影响电动汽车的行驶里程。

动力蓄电池常用的类型是三元锂电池和磷酸铁锂电池。动力蓄电池内部除了有不同模组的电芯,还有温度采集传感器、单体电芯电压采集传感器、电流传感器、主正总线接触器、主负总线接触器、维修开关、母排、连接器、电池管理系统(Battery Management System,BMS)等。其中,BMS 作为动力蓄电池的大脑,主要用于检测动力蓄电池内单体电芯的电压、温度、电流等相关参数,并与整车控制系统进行数据交换,同时还能对动力蓄电池的充放电进行管理。动力蓄电池系统的基本结构如图 1-2 所示。

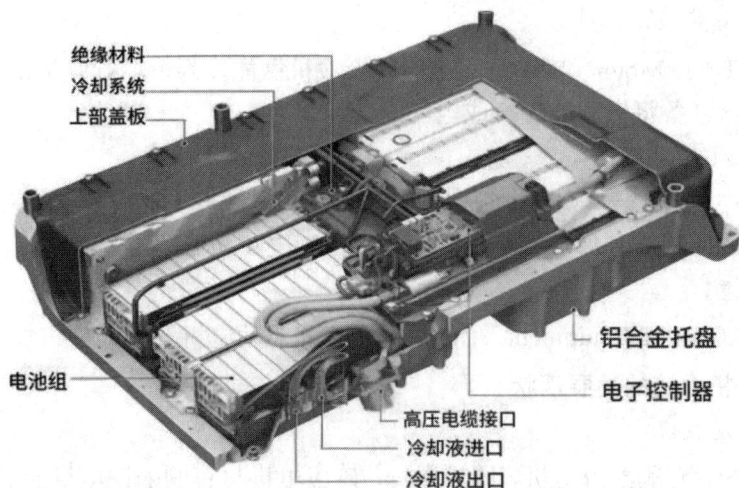

图 1-2　动力蓄电池系统

3. 整车电控系统

整车电控系统类似于人类的大脑，其作用是对整车的所有动作进行检测和指挥。整车电控系统由整车控制器(Vehicle Control Unit，VCU)及各子系统组成。整车控制器能够完成整车子系统控制单元自检、分配能量、采集制动踏板和加速踏板信号、控制继电器开关、检测整车故障、控制整车上下电、处理故障等工作。整车控制器的处理速度一般比较快，能够快速、准确地接收和发送各种指令，控制车辆的各种运行状态。

1.1.2　新能源汽车驱动电机系统

1. 驱动电机系统的组成

驱动电机系统主要由驱动电机、驱动电机控制器及冷却装置等组成。其基本结构如图1-3 所示。

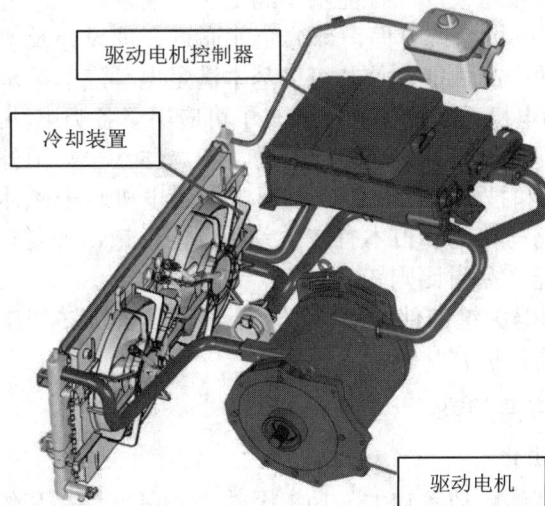

图 1-3　驱动电机系统

1) 驱动电机

驱动电机(Drive Motor，DM)是将电能转换成机械能，为车辆行驶提供驱动力的电气装置，该装置也可具备将机械能转换成电能的功能。

2) 驱动电机控制器

驱动电机控制器(Drive Motor Controller，DMC)是控制动力蓄电池与驱动电机之间能量传递的装置，由控制信号接口电路、驱动电机控制电路和驱动电路组成。

3) 冷却装置

冷却装置(Cooling Equipment，CE)是用于冷却驱动电机及驱动电机控制器的装置。

2. 驱动电机系统的发展现状

1) 国外发展状况

驱动电机中，有刷直流电机、同步电机、感应电机与有刷磁铁电机的商品化历史最长，产品更新换代不断，迄今还在应用。

近年来美国和欧洲国家开发的电动客车多采用交流感应电机。其主要优点是价格较低，性能可靠；缺点是启动转矩小。为了降低车重，电机壳体大多采用铸铝材料，电机恒功率范围较宽，最高转速可达基速的 2～2.5 倍。

日本近年来在批量生产的电动汽车车型上多采用永磁同步电机。该种电机恒功率范围很宽，最高转速可达基速的 5 倍。

2) 国内发展状况

新能源汽车的快速发展给驱动电机带来了巨大的发展机遇，电机技术的发展成为行业关注的热点。

我国电动汽车驱动电机系统的发展主要有以下几个方面的特点：

(1) 在交流异步驱动电机系统方面，已形成小批量生产开发、制造、试验及服务体系，产品性能基本能满足整车需求，大功率交流异步电机已广泛应用于各类电动客车。

(2) 在开关磁阻驱动电机系统方面，已形成优化设计和自主研发能力，可以通过合理设计电机结构、改进控制技术使产品性能基本满足整车需求。

(3) 在无刷直流驱动电机系统方面，部分企业通过合理设计及改进控制技术，有效提高了无刷直流驱动电机的产品性能，使其可以基本满足电动汽车需求。

(4) 在永磁同步驱动电机系统方面，已开发了可应用于各类电动汽车的不同系列产品。部分公司基本具备永磁同步电机集成化设计能力，但总体水平与国外仍有一定差距。

(5) 在永磁电机材料和技术方面，部分公司掌握了电机转子磁体先装后充磁的整体充磁技术，但技术水平仍与德国和日本有较大差距。国内钕铁硼磁材料产量很高，占全球供应量的 85%，但高性能产品占比则较低。

(6) 在驱动电机控制器关键部件方面，部分公司已具备旋转变压器研发和生产能力，但产品精度、可靠性与国外仍有差距。

3. 驱动电机系统的发展趋势

1) 驱动电机系统永磁化

永磁电机具有效率高、比功率较大、功率因数高、可靠性高和便于维护的优点，且永磁电机采用的矢量控制变频调速系统可使永磁电机具有宽广的调速范围。因此，电机的永磁化成为电机驱动技术的重要发展方向之一。

2) 驱动电机系统数字化

驱动电机系统数字化包括驱动控制的数字化、驱动到数控系统接口的数字化和测量单元的数字化。未来电机驱动技术发展的必然趋势之一就是数字化。随着计算机技术的发展，高速、高集成度、低成本的微机专用芯片将问世并商品化，生产全数字控制系统将成为可能。

3) 驱动电机系统集成化

将原来独立的驱动电机、减速器和一些电控系统进行集成，可以使整个电驱总成线缆的长度大大缩短，体积更小，成本更低，便于车辆布局，同时还可解决不同工艺电路间组合和高电压隔离等问题。但由于仍存在一些较高难度的技术问题，未来驱动电机系统集成化还需要解决很多难题，且需进一步降低成本，提高系统可靠性。

1.1.3　驱动电机分类

驱动电机可以按照工作电源、结构与工作原理、转子结构和转速等不同方式进行分类。

1. 按工作电源分类

根据工作电源的不同，驱动电机可分为直流电机和交流电机。其中，直流电机又分为绕组励磁式(串励式、并励式、复励式)直流电机和永磁式直流电机，交流电机又分为单相电机和三相电机。

2. 按结构及工作原理分类

按结构及工作原理分类，驱动电机可分为直流电机、交流异步电机、同步电机、开关磁阻电机、轮毂电机。

1) 直流电机

直流电机又分为无刷直流电机和有刷直流电机。图1-4所示为直流有刷换向电机剖面图。

图 1-4　直流有刷换向电机剖面图

2) 交流异步电机

交流异步电机分为交流感应电机和交流换向器电机。

3) 同步电机

同步电机分为永磁同步电机、磁阻同步电机和磁滞同步电机。图 1-5 所示为永磁同步电机结构图。

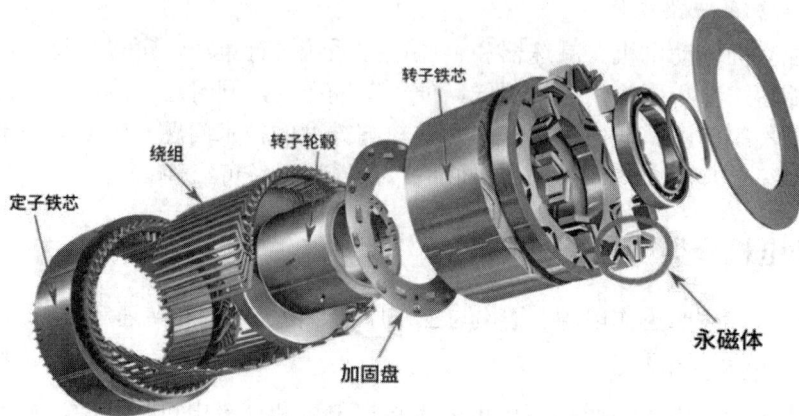

图 1-5　永磁同步电机结构

4) 开关磁阻电机

开关磁阻电机 (Switched Reluctance Moter，SRM)是一种新型驱动电机，其基本结构如图 1-6 所示。其转子为凸极转子，如图 1-7 所示。

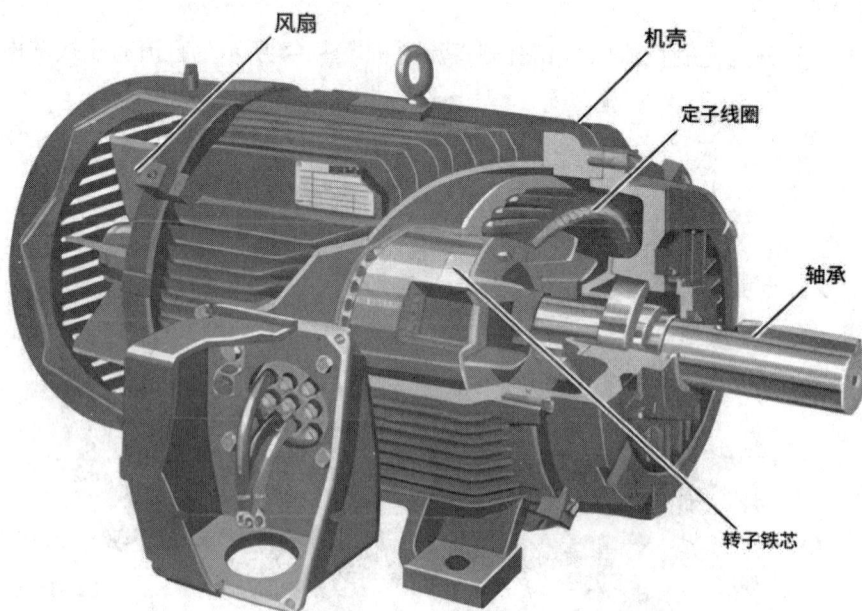

图 1-6　开关磁阻电机基本结构

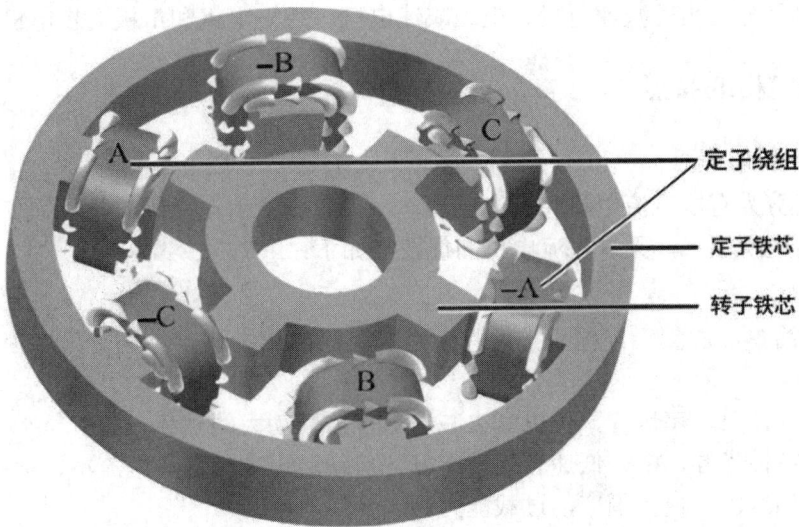

图 1-7 开关磁阻电机凸极转子

5) 轮毂电机

轮毂电机又称车轮内装电机，是将动力、传动和制动装置整合到轮毂内的一种电机。图 1-8 所示为轮毂电机结构示意图。根据转子形式，轮毂电机主要分为内转子式和外转子式。内转子式采用高速内转子电机，配备固定传动比的减速器。外转子式采用低速外转子电机，无减速装置，车轮转速与电机相同。

图 1-8 轮毂电机

3. 按转子结构分类

驱动电机按转子结构分为笼型感应电机和绕线转子感应电机。

4. 按转速分类

驱动电机按转速分为高速电机、低速电机、恒速电机、调速电机。

低速电机又分为齿轮减速电机、电磁减速电机、力矩电机和爪极同步电机等。

1.1.4 驱动电机的特点

1. 直流电机的特点

直流电机分为有刷直流电机和无刷直流电机，有刷直流电机因维护不方便等缺点逐渐被无刷直流电机所取代，无刷直流电机的优缺点如下：

1) 优点

(1) 结构简单，质量轻，体积小，具有有刷直流电机的优点，同时又取消了碳刷、滑环结构。

(2) 可以低速大功率运行，可以省去减速器直接驱动大的负载。

(3) 转矩特性优异，中、低速转矩性能好，启动转矩大，启动电流小、续航里程长。

(4) 无级调速，调速范围广，过载能力强。

(5) 效率高，电机本身没有励磁损耗和碳刷损耗，消除了多级减速损耗。

(6) 耐颠簸，噪声低，振动小，运转平滑，寿命长。

2) 缺点

(1) 运转时存在转矩脉动较大、铁芯附加损耗大等问题，限制了它在高精度、高性能要求的驱动场合的应用，尤其是在低速直接驱动场合的应用，因此仅适用于一般的精度及性能要求的场合。

(2) 转速范围不够宽，最高转速仅 6000 r/min 左右，难以满足电动汽车工况需求。

2. 交流感应电机的特点

交流感应电机(AC induction electrical machine)依靠交流电源运行，定子及转子为独立绕组，双方通过电磁感应来传递力矩，其转子以低于/高于气隙旋转磁场转速旋转。其主要优缺点如下：

1) 优点

(1) 具备变频调速的能力。交流感应电机可通过自身正反转切换解决倒车问题。

(2) 更易实现能量回收。在车辆滑行或制动工况下，车轮反拖驱动电机转动，电动机发电并将电能回收储存至动力蓄电池中，从而给动力蓄电池充电，增加车辆的续航里程。

(3) 转速范围广。交流感应电机的峰值转速可高达 20 000 r/min 左右，能够在不匹配二级减速器情况下满足车辆高速巡航的转速需求。

(4) 抗高温性能强。

(5) 运行可靠性较好。

(6) 成本较低、维修方便等。

2) 缺点

(1) 耗电量较大，转子容易发热，高速运转时需要保证对交流感应电机的冷却，否则会损坏电机。

(2) 交流感应电机由于是单边励磁，产生单位转矩需要很大的电流，而且定子中有无功励磁电流，因此能耗较大，功率因数滞后。

(3) 调速控制复杂, 且调速性也较差。

(4) 结构复杂, 技术要求高, 驱动电机控制器制造成本高。

3. 永磁同步电机的特点

永磁同步电机在转子中加入永磁体来强化转子性能, 并与定子在转速同步旋转的形态下形成电流, 其主要优缺点如下。

1) 优点

(1) 转换效率和稳定性比交流感应电机高, 能够为电池组提供更高的续航能力, 这也是很多厂商选用永磁同步电机的原因之一。

(2) 相对直流电机, 永磁同步电机噪声及控制精度环节更优。

(3) 质量小, 体积小, 布置更为灵活, 对整车质量减少也有所贡献。

2) 缺点

(1) 成本高。永磁同步电机使用的稀土永磁材料成本较高。

(2) 不可逆退磁。如果设计或使用不当, 永磁同步电机(钕铁硼永磁材料)在过高温度时, 或在剧烈机械震动时有可能产生不可逆退磁(又称失磁), 使电机性能下降。

4. 开关磁阻电机的特点

开关磁阻电机采用定转子凸极且极数相接近的大步距磁阻式步进电机的结构, 利用转子位置传感器, 通过电子功率开关控制各相绕组导通使之运行。电机转子无绕组, 无明显热量产生。其主要优缺点如下。

1) 优点

(1) 凸极转子转动惯量低, 可控参数多, 易调速, 调速系统运行性能好。

(2) 启动电流小, 启动转矩大, 当电流达到额定电流的 15% 时电机即可实现 100% 的启动转矩。

(3) 结构简单, 质量小, 成本较低, 可靠性高, 功率密度高。

(4) 体积小, 整车设计更灵活, 车内空间更大。

(5) 高效率低损耗。

(6) 开发潜力大。

2) 缺点

(1) 技术尚不成熟。该驱动电机调速系统是继变频调速系统、无刷直流电机调速系统之后发展起来的最新一代无级调速系统, 技术还在不断探索和开发中。

(2) 相对其他类型电机, 该电机的控制复杂一些, 位置检测器是开关磁阻电机的关键器件, 其性能对开关磁阻电机的控制操作有重要影响。

(3) 由于开关磁阻电机为双凸极结构, 实际运转过程中转矩波动大, 且电机本身噪声和震动严重。

(4) 成本高。

5. 轮毂电机的特点

早在 1900 年, 保时捷公司就制造出了前轮装备轮毂电机的电动汽车。该项技术沉寂多年后, 近年来在新能源汽车上重新得到应用。目前, 国内自主品牌汽车厂商开始研发此项技术并应用到实车，如比亚迪纯电动客车 K9 采用轮边驱动电机总成，单个轮毂电机最大功率 90 kW，最大扭矩 500 N·m。轮毂电机的主要优缺点如下。

1) 优点

轮毂电机的优点是传动部件少，车辆结构简单，传动效率高，减少了不必要的能量损耗，可实现多种复杂的驱动方式，便于采用多种新能源车技术等。

2) 缺点

轮毂电机的缺点是由于增大了簧下质量和轮毂的转动惯量，其电制动性能有限，密封要求较高，设计需考虑散热。

6. 不同驱动电机性能比较

直流电机、异步电机、永磁同步电机和开关磁阻电机的性能特点比较见表 1-1。

表 1-1　各种电机的基本性能比较

电机类型	直流电机	异步电机	永磁同步电机	开关磁阻电机
功率密度	低	中	高	较高
峰值效率	85%～89%	90%～92%	95%～97%	90%
可控性	优	好	好	好
可靠性	一般	好	好	好
尺寸及质量	大、重	中、重	小、轻	小、轻
电机成本	低	一般	较高	一般
最高转速范围	4000～6000	12 000～20 000	4000～12 000	>15 000
结构坚固性	差	好	一般	好
过载能力	200%	300%～500%	300%	300%～500%
综合比较	低	好	优	一般

1.1.5　驱动电机性能要求

1. 纯电动汽车对驱动电机的要求

纯电动汽车的驱动电机需具备频繁启动/停车、加速/减速、低速或爬坡时高转矩、高速行驶时低转矩，变速范围大等特点。因此，驱动电机对负载、性能和工作环境等要求较高，主要体现在以下几个方面。

(1) 低速大转矩。由于启动转矩大，为达到纯电动汽车短时加速或爬坡要求，驱动电机需具有良好的启动和加速性能。

(2) 驱动电机要求可控性高、稳态精度高、动态性能好。

(3) 恒功率区要宽。为满足汽车高速行驶和高速超车的动力要求，电机驱动系统要求恒功率区是恒扭矩区的 3～10 倍。恒功率曲线图如图 1-9 所示。

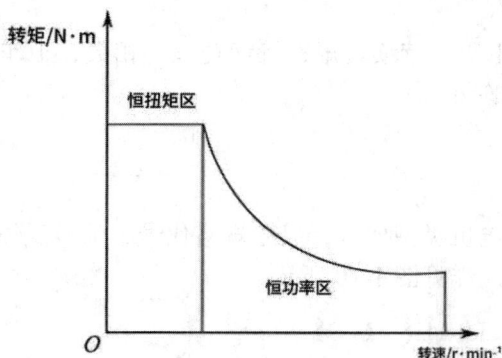

图 1-9　恒功率曲线图

(4) 驱动电机要求调速范围大，低速时应具备大转矩，高速时应具备高功率性能。

(5) 驱动电机要具有高效率。

(6) 驱动电机要具有高功率密度。为满足整车空间和高效节能，电机功率密度要大于 1 kW/kg。

(7) 驱动电机的可靠性能要好。驱动电机工作环境恶劣，常处于高温、恶劣天气及频繁震动等环境下，要求驱动电机可靠性能好。

(8) 驱动电机应能够在汽车减速时实现再生制动，将能量回收并反馈回动力蓄电池，并使纯电动汽车具有最佳能量的利用率。

2. 混合动力汽车对驱动电机的要求

(1) 采用大功率电机驱动，具有电阻小、效率高、比能耗低、动力性能好等优点。

(2) 驱动电机应具有较大范围内调速性能，能根据驾驶员对加速踏板和制动踏板的控制，由中央控制器控制驱动电机与发动机之间动力的协调来获得启动、加速、行驶、减速、制动等功率与转矩。

(3) 混合动力汽车应具有最优能量利用，要求驱动电机高效率、低损耗，在车辆减速时实现能量回收并反馈给动力蓄电池。

(4) 驱动电机、控制装置、冷却系统的质量等尽可能小。

(5) 各种驱动电机电压可达 120～500 V，电气系统和控制系统的安全性都必须符合车辆安全性能的相关国家标准和规定。

除此之外，还要求驱动电机耐温和耐潮性能强，能够在较恶劣的环境下长期工作，结构简单，适合批量生产，运行噪声低，维修方便，价格低等。

1.1.6　驱动电机铭牌与型号

《电动汽车用驱动电机系统》(GB/T 18488—2024)对驱动电机铭牌和型号命名作了以下规定。

1. 电机铭牌信息

电机铭牌宜包括如下信息。

(1) 制造厂名；

(2) 型号、编号、名称；

(3) 主要参数：额定电压、持续转矩、持续功率、相数、工作制、峰值转矩、最高工作转速、绝缘等级、防护等级。

2. 型号命名

1) 驱动电机型号组成

驱动电机型号由驱动电机类型代号、尺寸规格代号、信号反馈元件代号、冷却方式代号、预留代号五部分组成，详见图 1-10 所示。

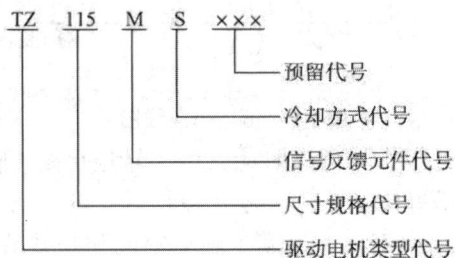

图 1-10　驱动电机型号组成

2) 各类型驱动电机代号及释义

各类型驱动电机代号及释义见表 1-2。

表 1-2　各类型驱动电机代号及释义

序号	名称	代号	代号释义
1	驱动电机类型代号	ZL	直流电机
		YR	绕线转子异步电机
		YS	笼型异步电机
		TZ	正弦控制性永磁同步电机
		TF	方波控制性永磁同步电机
		KC	开关磁阻电机
2	尺寸规格代号		一般采用定子铁芯外径表示
3	信号反馈元件代号	M	光电编码器
		X	旋转变压器
		H	霍尔元件
			无传感器不必标出
4	冷却方式代号	S	水冷方式
		Y	油冷方式
		F	强迫风冷方式
5	预留代号		英文大写字母或阿拉伯数字组合，含义由制造商自行确定

1.1.7　任务实施

实训题目	认识驱动电机结构			
工具				
班级		时间		地点	

<table>
<tr><td colspan="5">内　容</td></tr>
</table>

Step1. 导学

1. 你的主管让你向其他的机电维修技师介绍新能源汽车驱动电机的结构，你能完成这个任务吗？

2. 老师带领学生一起分析完成用户委托所需具备的能力并写在下面：

_____

_____

_____

_____

请在规定的时间内(360min)合理使用老师提供的资源完成用户委托。

Step2. 信息

1. 作业前准备。

(1) 保证规范的着装；

(2) 在车辆周围应当拉设_____；

(3) 为了防止车辆着火，发生火灾，应当在作业前检查_____
_____；

(4) 在车辆前方需要放置_____；

(5) 为了保证我们的安全，在工作前我们要穿戴好_____
_____。

2. 检查所需要用到的检修工具。

(1) 作业所需要用到的工具有：_____；

(2) 在作业前需要检查维修手册、电路图是否完备；

(3) 在作业前要测量绝缘地垫的绝缘电阻，测量的标准值应当是大于 20 MΩ。

3．基本知识。

(1) 纯电动汽车与普通燃油汽车最主要的区别在于＿＿＿＿＿＿＿＿往往具有＿＿＿＿＿＿＿＿和＿＿＿＿＿＿＿＿两种功能，满足车辆在驱动行驶和减速制动等多种工作模式的需要。

(2) ＿＿＿＿＿＿＿＿是纯电动汽车三大核心系统之一，是车辆行驶的主要执行机构，其特性决定了车辆的主要性能指标，直接影响车辆动力性、经济性和用户驾乘感受。

(3) 发电机：将＿＿＿＿＿＿＿＿转换为＿＿＿＿＿＿＿＿。

电动机：将＿＿＿＿＿＿＿＿转换为＿＿＿＿＿＿＿＿。

电机的可逆性：一台电机既可以作＿＿＿＿＿＿＿＿运行，也可以作＿＿＿＿＿＿＿＿运行。

(4) 电机按照运行的方式分为＿＿＿＿＿＿＿＿和＿＿＿＿＿＿＿＿。

(5) 驱动电机系统由＿＿＿＿＿＿＿＿、＿＿＿＿＿＿＿＿等组成。

(6) 驱动电机对外有＿＿＿＿＿＿＿＿连接、＿＿＿＿＿＿＿＿连接和＿＿＿＿＿＿＿＿连接。

4．介绍驱动电机结构任务实施。

(1) 在诊断台架和整车中找到驱动电机和电机控制器的具体位置；

(2) 找到驱动电机和电机控制器分别与哪些部件通过哪些线束相连。

Step3．规划

接受并解析委托书，讨论如何与其他维修技师交流，列出所有"应答"话术，尽可能地完成本项任务。

1. 通过与老师傅交流以及翻看车辆资料，收集信息，撰写介绍的话术。

＿＿＿＿＿＿＿＿＿＿＿＿＿＿＿＿＿＿＿＿＿＿＿＿＿＿＿＿＿＿

＿＿＿＿＿＿＿＿＿＿＿＿＿＿＿＿＿＿＿＿＿＿＿＿＿＿＿＿＿＿

＿＿＿＿＿＿＿＿＿＿＿＿＿＿＿＿＿＿＿＿＿＿＿＿＿＿＿＿＿＿

＿＿＿＿＿＿＿＿＿＿＿＿＿＿＿＿＿＿＿＿＿＿＿＿＿＿＿＿＿＿

2. 思考可能会有哪些被提问的问题，并拟出回答。

＿＿＿＿＿＿＿＿＿＿＿＿＿＿＿＿＿＿＿＿＿＿＿＿＿＿＿＿＿＿

＿＿＿＿＿＿＿＿＿＿＿＿＿＿＿＿＿＿＿＿＿＿＿＿＿＿＿＿＿＿

＿＿＿＿＿＿＿＿＿＿＿＿＿＿＿＿＿＿＿＿＿＿＿＿＿＿＿＿＿＿

＿＿＿＿＿＿＿＿＿＿＿＿＿＿＿＿＿＿＿＿＿＿＿＿＿＿＿＿＿＿

Step4. 决策

列出讲述"介绍新能源汽车驱动电机的结构"流程。

_____

_____

_____

_____

_____

Step5. 执行

根据 Step4.罗列操作前的安全注意事项，决策所确定的流程完成下列各项(如不涉及可不填)。

1. 安全注意事项：_____

2. 工作方案：_____

_____

_____

_____

_____

3. 场地、设备及车辆：

_____

_____

_____

_____

4. 在组长的组织下完成执行过程记录，形成展示的海报。

_____

_____

_____

_____

_____

Step6. 检查

1. 检查工具是否全部归位；
2. 检查设备是否全部归位；
3. 检查工作场地是否清洁。

Step7. 评判

自我反思，发现自己的不足，对实操过程进行总结和评价。或者针对实操过程中其他组同学的表现进行评价，评价指标不限于以下内容。

评价内容	评价指标(各项满分 10 分)	评价结果
工具设备	工具使用规范：有落地扣 1 分，工具选用错误扣 1 分，工具摆放凌乱扣 1 分，工具未清洁扣 1 分	
流程掌握	流程漏项扣 1 分，流程错误扣 3 分，没有流程为 0 分	
交流互助	由于交流不到位导致工作不畅扣 1 分，实习过程中没有交流扣 1 分	
完成速度	第一得 10 分，第二得 8 分，第三得 7 分	
安全意识	在操作中出现安全隐患为 0 分，车辆保护未到位扣 2 分	

Step8. 系统化

通过老师对学习成果的总结，对预备知识和后续学习情景之间的联系进行记录，并记录下节课的学习任务。

_____
_____
_____
_____
_____

任务 1.2　认识驱动电机控制器及冷却系统

任务目标

知识目标	技能目标	素养目标
熟悉驱动电机控制器的作用、组成、铭牌型号	能看懂驱动电机控制器铭牌信息	培养职业规范意识，严格遵守设备操作规程，养成严谨的工作态度
熟悉冷却系统的作用、组成	能在整车上指出冷却系统各组成名称	

1.2.1　驱动电机控制器认知

汽车行驶时由动力蓄电池输出电能，通过电机控制器驱动电机运转，电机输出的转矩经传动系带动车轮前进或后退，同时在制动和滑行过程中可实现能量再生制动。电动汽车驱动电机系统是新能源汽车车辆行驶中的主要执行机构，也是整车运行的动力提供装置。驱动电机及其控制器是汽车的核心部件，控制器的优劣和所选的驱动电机性能的好坏直接决定了汽车的运行性能和动力表现。

1. 驱动电机控制器概述

电动汽车的"电控"，一般指电机控制器的控制，是电动汽车"三电"中的又一核心。电动汽车要实现加速、定速巡航、能量回收，都要依靠电机控制器。电机控制器可以说是电动汽车的"控制中心"，驾驶员下发的控制指令都要通过电机控制器来执行。电机控制器是连接电机与电池的神经中枢，用来调校整车各项性能。足够智能的电机电控系统不仅能保障车辆的基本安全及精准操控，还能让电池和电机充分发挥实力。

2. 驱动电机控制器的作用

驱动电机控制器(Drive Motor Controller，DMC)，又称电机控制单元(Motor Control Unit，MCU)，是控制动力电源与驱动电机之间能量传输的装置，是驱动电机系统的核心控制装置。通过对电机的电流、电压和频率等参数进行调节，MCU 可实现对电机的启动、加速、减速和制动等控制功能。

驱动电机控制器响应整车控制器单元(Vehicle Control Unit，VCU)根据驾驶员意图发出的各种指令，并对信息进行反馈，实时调整驱动电机输出，以实现整车的前行、倒车、停车、能量回收以及驻坡等功能。驱动电机控制器的另一个重要功能是通信和保护，可实时进行状态和故障检测，保护驱动电机系统和整车安全可靠运行。

3. 驱动电机控制器的组成

驱动电机控制器作为整车驱动系统的重要组成部分，主要由功率变换模块、IGBT 驱动板、控制模块(控制板)、电容、散热水道、接口电路等组件组成。以下对主要模块和部件进行简要介绍。

1) 功率变换模块

功率变换模块通过绝缘栅双极型晶体管(Insulated Gate Bipolar Transistor，IGBT)等功率器件实现直流转交流的逆变功能。IGBT 是由双极性晶体管(Bipolar Junction Transistor，BJT)和绝缘栅型场效应管(Metal Oxide Semiconductor Field Effect Transistor，MOSFET)组成的复合全控型电压驱动式功率半导体器件。MOSFET 因栅极为金属铝，又称为金属氧化物半导体场效应管。一般所说的 IGBT 也指 IGBT 模块，IGBT 模块是由 IGBT 与 FWD(续流二极管芯片)通过特定的电路桥接封装而成的模块化半导体产品。封装后的 IGBT 模块直接应用于变频器等设备。IGBT 模块封装实物如图 1-11 所示。

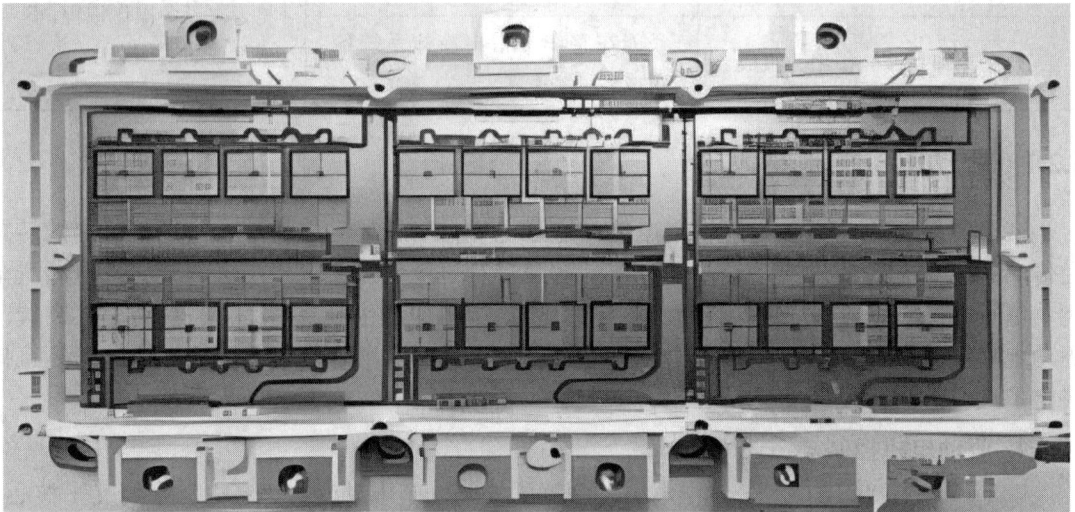

图 1-11　IGBT 模块封装实物

IGBT 是一种大功率的电力电子器件，主要用于变频器逆变和其他逆变电路，能够将直流电逆变成频率可调的交流电，俗称电力电子装置的 CPU。IGBT 并没有放大电压的功能，可以理解为一个"非通即断"的开关，导通时可以看作导线，断开时看作开路。

作为能源变换与传输的核心器件，IGBT 的性能直接影响电动汽车功率的释放速度。它控制着直、交流电的转换，车辆驱动系统的扭矩(直接影响汽车加速能力)和最大输出功率(直接影响汽车最高时速)，同时对交流电机进行变频控制。

IGBT 模块作为功率变换模块的核心器件，其成本约占整个控制器成本的 40%。

2) IGBT 驱动板

IGBT 驱动板主要由驱动芯片、驱动外围电源、驱动外围电路组成，其在重点保护 IGBT 模块、充分发挥 IGBT 的性能、提高系统可靠性等方面发挥着重要作用。

3) 控制模块(控制板)

控制模块可与整车控制器进行通信，检测直流母线电流，控制 IGBT 模块并反馈 IGBT 模块温度，检测高压线束连接情况，分析旋变信号等。

4) 电容(薄膜电容)

驱动电机控制器内部的电容接通高压电路时给电容充电，在电机启动时保持电压的稳定，同时在能量回馈时起到缓冲作用，从而保护动力蓄电池。

4. 电机控制器安装位置

电机控制器一般安装在发动机舱内，在电机的附近。高压电池电源进入电机控制器后，分别分配给电机(三相交流电)、车载低压电网、高压用电器(车载充电机、高压空调压缩机、高压加热器)。

如图 1-12 所示为电机控制器与驱动电机系统连接示意图。电机控制器接收来自动力蓄电池的高压直流电，根据整车控制器发送的驾驶员意图，在当前电机运转状况的基础上，逆变出一定频率和幅值的高压三相交流电驱动电机运转。电机的定子温度和转子位置信号通过低压信号线传输给电机控制器，供其了解当前电机的工作状态。

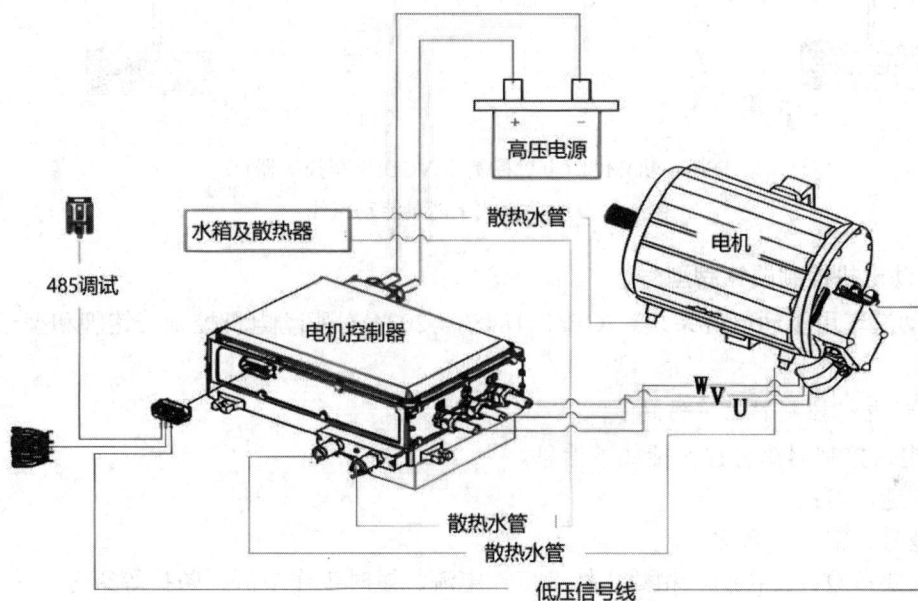

图 1-12　电机控制器与驱动电机系统连接示意图

5. 驱动电机的控制

电机控制器接收整车控制器的指令，将动力蓄电池的高压直流电逆变成电压、频率、相序可调的三相交流电，实现对驱动电机的转速、转矩和旋转方向的控制。驱动电机在新能源汽车中承担着驱动车辆和发电的双重功能，即在正常行驶时发挥其主要的电动机功能，将电能转化为机械能；而在制动降速和下坡滑行时驱动电机转变为发电机，将车轮的惯性动能转换为电能。

驱动模式的能量流动路线如图 1-13 所示。电机控制器从整车控制器处得到转矩输出命令后，将动力蓄电池提供的直流电转化成三相正弦交流电，驱动电机输出转矩，通过机械传输来驱动车辆。

能量流动路线为：动力蓄电池将高压直流电输送给高压控制盒，通过高压控制盒输送给电机控制器，电机控制器将直流高压电转变为交流高压电供给电机，电机再将电能转换为机械能，驱动二级主减速器运转，经过差速器带动两半轴转动，最终带动车轮旋转。

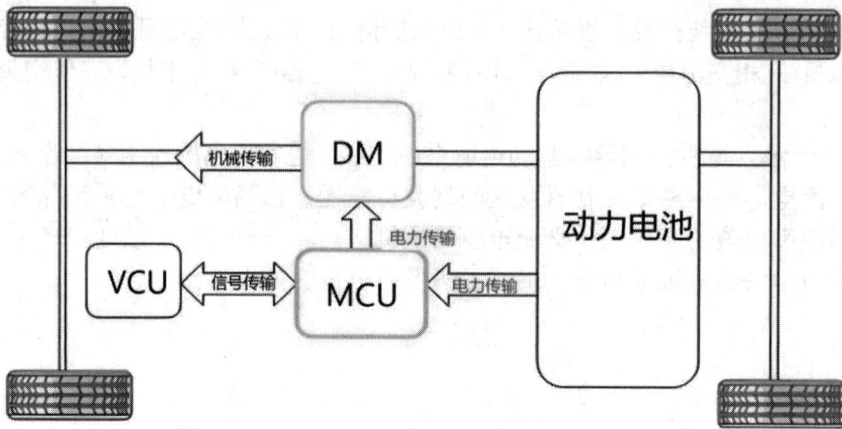

DM(电机)MCU(电机控制器)VCU(整车控制器)

图 1-13 驱动模式下能量流动路线

6. 驱动电机控制器铭牌型号

《电动汽车用驱动电机系统》(GB/T 18488—2024)对驱动电机控制器铭牌和型号作了以下规定。

1) 驱动电机控制器铭牌信息

驱动电机控制器铭牌宜包括如下信息。

(1) 制造厂名；

(2) 型号、编号、名称；

(3) 主要参数：工作制、相数、持续工作电流、短时工作电流、防护等级等。

2) 驱动电机控制器型号命名

驱动电机控制器型号由驱动电机控制器类型代号、工作电压规格代号、信号反馈元件代号、工作电流规格代号、冷却方式代号、预留代号六部分组成，如图 1-14 所示。

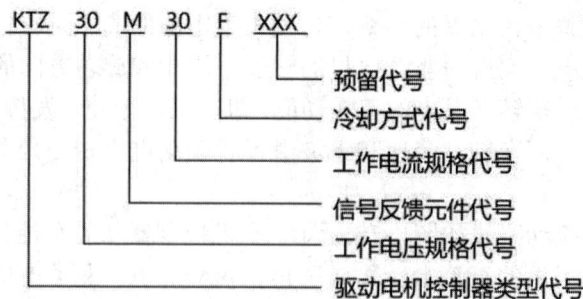

图 1-14 驱动电机控制器铭牌型号

各类型驱动电机控制器代号及释义见表 1-3。

表 1-3　各类型驱动电机控制器代号及释义

序号	名　称	代号	代 号 释 义
1	驱动电机控制器类型代号	KTZ	表示控制器的类型代号，其中"K"表示控制器类型，"TZ"表示与正弦控制型永磁同步电机相关的控制器类型
2	工作电压规格代号	30	额定电压 300 V，驱动电机控制器的标称直流电压除以 10 再圆整后的数值表示
3	信号反馈元件代号	M	光电编码器
		X	旋转变压器
		H	霍尔元件
		无传感器不必标出	
4	工作电流规格代号	30	最大电流 300 A，驱动电机控制器的最大工作电流除以 10 再圆整后的数值表示
5	冷却方式代号	S	水冷方式
		Y	油冷方式
		F	强迫风冷方式
6	预留代号	英文大写字母或阿拉伯数字组合，含义由制造商自行确定	

注：表中圆整也称为取整

1.2.2　冷却系统认知

1. 冷却系统的作用

传统的燃油汽车的发动机是一个巨大的热源，在发动机的燃烧过程中会产生大量的热量，过多的热量会造成发动机温度过高，燃油消耗量大，机油变质，磨损加剧，所以需要有冷却系统来控制发动机的温度。发动机的冷却系统有风冷和水冷之分。以空气为冷却介质的冷却系称为风冷系统，以冷却液为冷却介质的称为水冷系统。

在纯电动汽车中，电机代替了发动机。在驱动与回收能量的工作过程中，电机定子铁芯、定子绕组在运动过程中都会产生损耗，它的发热量远远低于发动机，但是在大功率输出时，仍然会产生大量的热量。这些热量如果不能及时地排出电机外，就对电机绕组、永磁磁极带来致命的影响，因此在电动汽车中仍需保留冷却系统。同时，驱动电机的控制系统中大量采用的大功率半导体元器件，因为工作电流极大，也会产生大量的热量；动力电池的充电及放电电流巨大，也会产生大量的热量；车辆 DC/DC 变换器、车载充电机的工作电流非常大，也会产生大量热量。因此，电动汽车驱动电机和驱动电机控制器在工作过程中会产生热，为尽快将产生的热释放出去，需要对驱动电机和驱动电机控制器进行强制冷却。

电动汽车的冷却系统分为风冷与水冷两种冷却形式，大多数混合动力汽车和纯电动汽车采用的冷却方式为水冷，冷却媒介为冷却液，即在驱动电机和驱动电机控制器中设置冷却水道，通过电动水泵加压驱动冷却液在冷却水道内循环进行散热，达到冷却驱动电机系统的目的。

2. 冷却系统的组成

电动汽车冷却系统的结构主要由电动水泵、水管、散热器、膨胀水箱、风扇等组成，如图 1-15 所示。

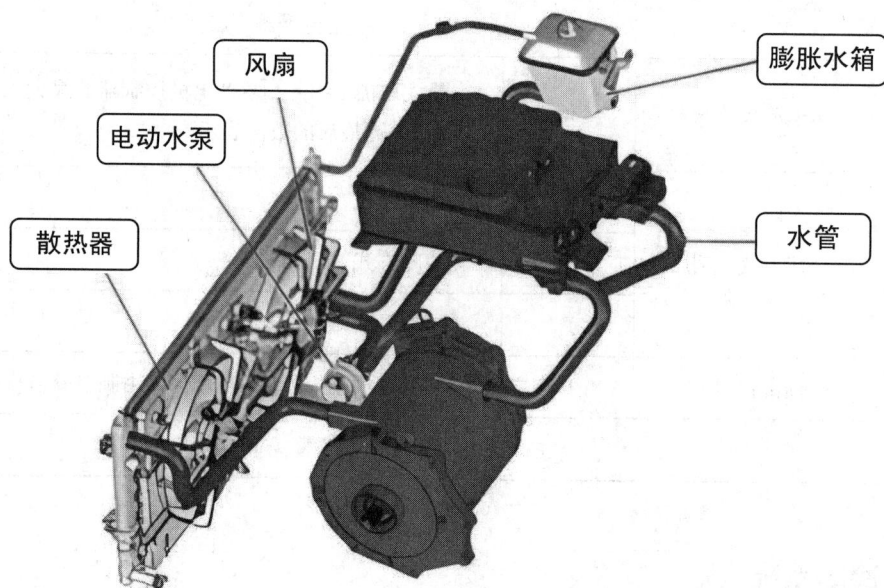

图 1-15　冷却系统的基本结构

1) 乘客舱

传统汽车空调采用发动机皮带驱动压缩机工作，实现空调制冷；制热则主要依靠发动机冷却水作为热源，实现空调供暖。电动压缩机空调制冷系统结构及系统的制冷原理与传统汽车空调系统基本一致，主要区别是压缩机采用带电动机的压缩机总成，不再由发动机驱动。

带电动机的压缩机总成由涡旋式压缩机、无刷电动机、空调逆变器、机油分离器组成，如图 1-16 所示。压缩机总成由来自 HV 蓄电池的直流电驱动，属于系统中的高压部件。内置于压缩机的逆变器将直流电转变为三相交流电，驱动电机带动漩涡转子转动，压缩制冷剂。动力管理控制单元(ECU)控制空调逆变器，使压缩机转速达到目标压缩机转速。

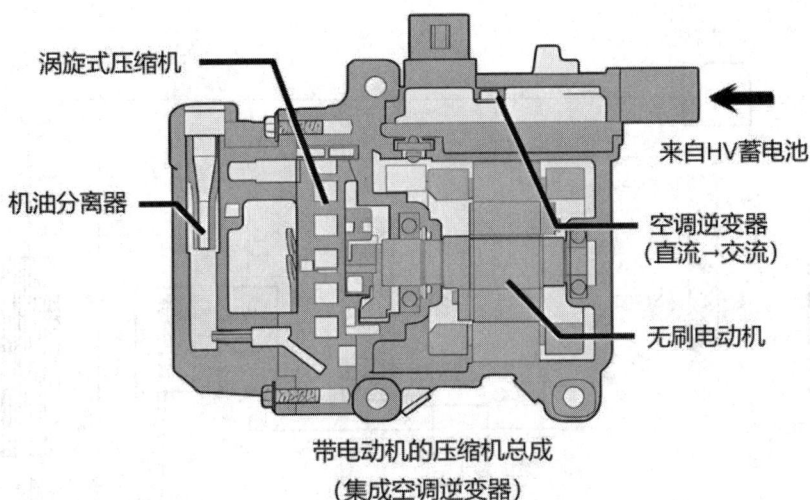

图 1-16 带电动机的压缩机总成

2) 动力电池

温度对动力电池充放电性能有很大影响。环境温度过低可能导致电池容量急剧下降，缩短车辆续航里程。电池在充放电过程中，电池温度升高，产生热量，内部会发生化学反应，如果没有良好的散热措施，会加速电池老化，严重时还会导致事故发生。

风冷系统是在动力电池内部布置有通风管道，利用鼓风机将外部空气引入电池包内部进行散热冷却的系统。鼓风机抽吸后排乘客舱空气，经过进气管、鼓风机、电池模组空隙、排风管后，由后备箱通风口排出。如图 1-17 所示，为丰田混合动力汽车镍氢电池的冷却系统。

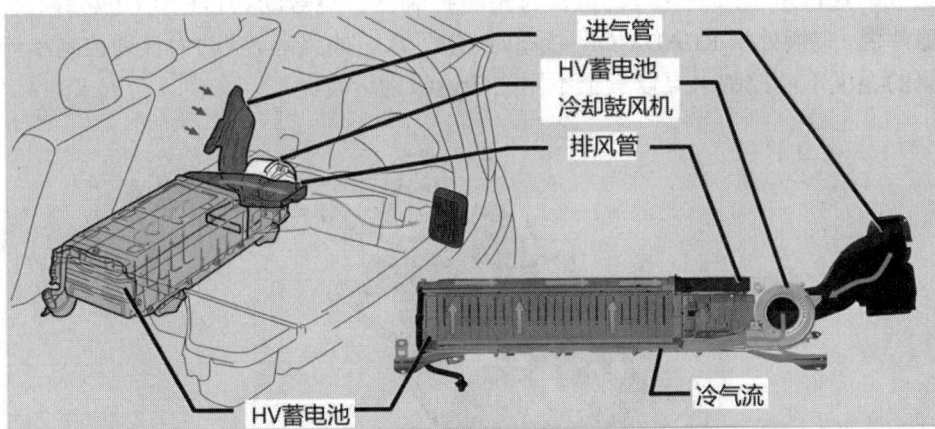

图 1-17 丰田卡罗拉镍氢电池组冷却系统

液冷式电池冷却系统以图 1-18 为例，由电池散热器、储液罐、水泵、PTC 加热器、HV 电池液冷管路、冷却器、四通阀等主要部件组成。冷却系连接到传统空调制冷管路中，由电子电磁膨胀阀控制，制冷剂经电子膨胀阀流经冷却器，对管路中的液体进行冷却。该系统能有效控制电池组电池单体在适宜的温度范围内工作。

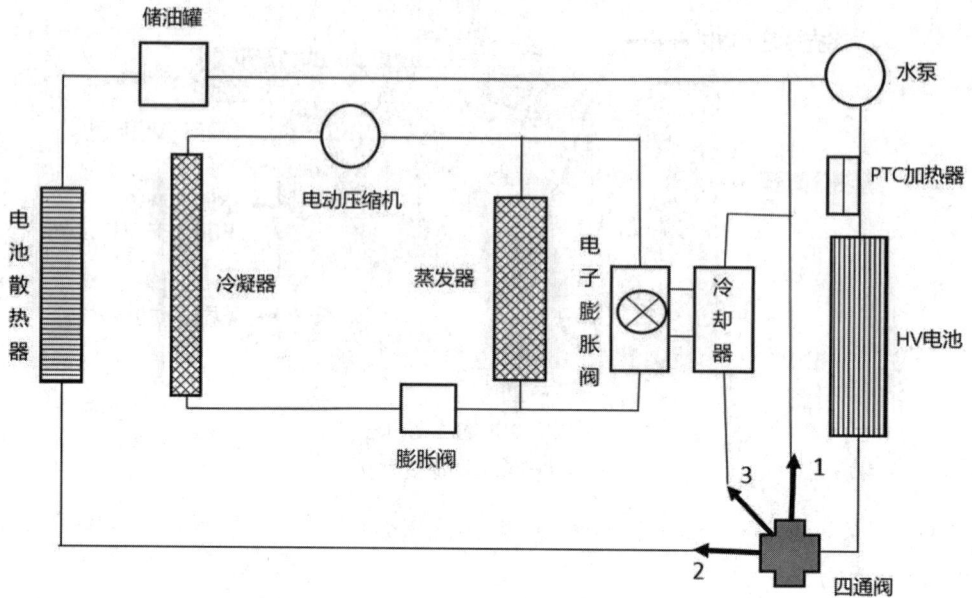

图 1-18　液冷式电池冷却系统

3) **电机及电机控制器热管理系统**

在工作过程中，电机及电机控制器会产生大量的热，电机过热会导致功率下降，电机控制器过热会导致电子元件损坏、燃烧。热管理系统通过冷却使零件的温度在 65℃以下。因发动机、动力电池、电机各系统的最佳工作温度不同，需采用独立的冷却系统。

以图 1-19 为例，电机及电机控制器冷却系统主要由储液罐、散热器、电子水泵、冷却水管等组成，通过电子水泵使冷却液流过电机控制器、混合动力传送桥(电机)内部的水道经散热器降温。车辆处于 READY ON 状态时，电子水泵始终运转，动力管理控制单元(ECU)根据设置的温度不同控制水泵以三个不同的转速级别运转。

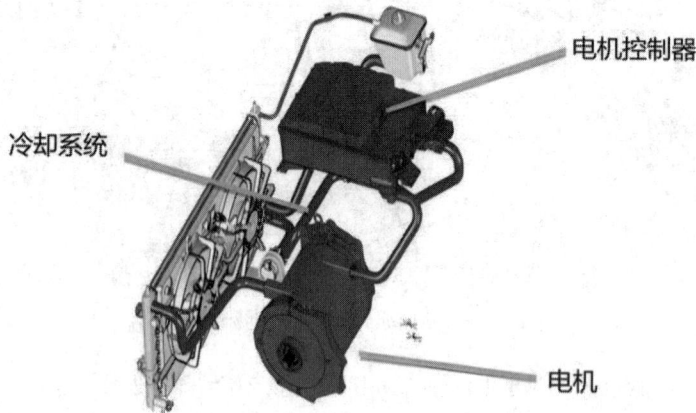

图 1-19　电机及电机控制器冷却系统

1.2.3　任务实施

实训题目	认识驱动电机控制器及冷却系统			
工具				
班级		时间		地点

内　　容

Step1. 导学

1. 新能源汽车维修服务站新接收了一辆待维修车辆。据车主反映，车辆存在驱动力不足现象。技师首先委派你对驱动电机系统涉及的高压部件进行检查，要求你对部件损坏、系统泄漏和线束连接松动等情况进行记录。

2. 老师带领学生一起分析完成用户委托所需具备的能力：

_____

_____

_____

_____

请在规定的时间内(360 min)合理使用老师提供的资源完成用户委托。

Step2. 信息

1. 作业前准备。

(1) 保证规范的着装；

(2) 在车辆周围应当拉设_____；

(3) 为了防止车辆着火，发生火灾，应当在作业前检查_____

_____；

(4) 在车辆前方需要放置_____；

(5) 为了保证我们的安全，在工作前我们要穿戴好_____

_____。

2. 检查所需要用到的检修工具。

(1) 作业所需要用到的工具有：_____；

(2) 在作业前需要检查维修手册、电路图是否完备；

(3) 在作业前要测量绝缘地垫的绝缘电阻，测量的标准值应当是大于 20 MΩ。

3. 基本知识。

(1) 驱动电机控制器是控制动力电源与＿＿＿＿＿＿之间能量传输的装置，是驱动电机系统的核心控制装置；

(2) 驱动电机控制器响应整车控制器单元根据＿＿＿＿＿＿发出的各种指令，并对信息进行反馈，实时调整驱动电机输出，以实现整车的前行、倒车、停车、能量回收以及驻坡等功能。驱动电机控制器另一个重要功能是＿＿＿＿＿＿，实时进行状态和故障检测，保护驱动电机系统和整车安全可靠运行；

(3) 驱动电机控制器作为整车驱动系统的重要组成部分，主要由＿＿＿＿＿＿、＿＿＿＿＿＿、＿＿＿＿＿＿、＿＿＿＿＿＿、＿＿＿＿＿＿、＿＿＿＿＿＿等组件组成；

(4) 电动汽车驱动电机和驱动电机控制器在工作过程中会产生热量，为尽快将产生的热释放出去，需要对＿＿＿＿＿＿和＿＿＿＿＿＿进行强制冷却。一般采用的冷却方式为水冷，冷却媒介为＿＿＿＿＿＿，即在驱动电机和驱动电机控制器中设置冷却水道，通过＿＿＿＿＿＿加压驱动冷却液在冷却水道内循环进行散热，达到冷却驱动电机系统的目的；

(5) 电动汽车冷却系统的结构主要由＿＿＿＿＿＿、＿＿＿＿＿＿、＿＿＿＿＿＿、＿＿＿＿＿＿、＿＿＿＿＿＿等组成。

4. 驱动电机系统涉及的高压部件进行检查的任务实施。

(1) 在诊断台架和整车中找到驱动电机控制器和冷却系统管路的具体位置；

(2) 驱动电机控制器运行时需要注意哪些事项？

_____

_____

_____

_____

_____

Step3. 规划

接受并解析委托书，讨论如何与其他维修技师交流，列出所有"应答"话术，尽可能完成本项任务。

1. 过与老师傅交流以及翻看车辆资料，收集信息，找到驱动电机控制器和冷却系统管路的具体位置。

_____

_____

_____

_____

2. 思考可能会遇到的问题。

_____

_____

_____

Step4. 决策

列出找到驱动电机控制器和冷却系统管路的流程。

_____

_____

_____

Step5. 执行

根据 Step4.决策所确定的流程完成下列事项(如不涉及可不填)。

1. 安全注意事项：_____

2. 工作方案：_____

_____

_____

_____

3. 场地、设备及车辆：

_____

_____

_____

4. 在组长的组织下完成执行过程记录，形成展示的海报。

_____

_____

_____

_____

Step6. 检查

1. 检查工具是否全部归位;
2. 检查设备是否全部归位;
3. 检查工作场地是否清洁。

Step7. 评判

自我反思,发现自己的不足,对实操过程进行总结和评价。或者针对实操过程中其他组同学的表现进行评价,评价指标不限于以下内容。

评价内容	评价指标(各项满分10分)	评价结果
工具设备	工具使用规范:有落地扣 1 分,工具选用错误扣 1 分,工具摆放凌乱扣 1 分,工具未清洁扣 1 分	
流程掌握	流程漏项扣 1 分,流程错误扣 3 分,没有流程为 0 分	
交流互助	由于交流不到位导致工作不畅扣 1 分,实习过程中没有交流扣 1 分	
完成速度	第一得 10 分,第二得 8 分,第三得 7 分	
安全意识	在操作中出现安全隐患得 0 分,车辆保护未到位扣 2 分	

Step8. 系统化

通过老师对学习成果的总结,对预备知识和后续学习情景之间的联系进行记录,并记录下节课的学习任务。

_____

_____

_____

_____

_____

拓展阅读

认识新能源汽车

按照动力来源涵盖范围的大小,新能源汽车可以分为广义和狭义新能源汽车。广义新能源汽车,又称代用燃料汽车,包括纯电动汽车、燃料电池电动汽车这类全部使用非石油燃料的汽车,也包括混合动力电动车、乙醇汽油汽车等部分使用非石油燃料的汽车。目前存在的所有新能源汽车都包括在这一概念里,具体分为五大类:混合动力汽车、纯电动汽车、燃料电池汽车、醇醚燃料汽车、天然气汽车等。狭义新能源汽车可以参考国家《新能源汽车生产企业及产品准入管理规则》的规定:新能源汽车是指采用非常规的车用燃料作为动力来源,综合车辆的动力控制和驱动方面的先进技术,形成的具有新技术、新结构、技术原理先进的汽车。

新能源汽车包括纯电动汽车、增程式电动汽车、混合动力汽车、燃料电池电动汽车、氢发动机汽车等。

新能源汽车与传统汽车在动力源与能源携带方式、动力控制方式、空调系统、低压电源充电方式、转向系统动力源、制动系统助力来源、仪表显示内容、能量补充方式、对环境影响等方面存在不同。

新能源汽车与内燃机汽车除动力系统区别较大外,其他在底盘系统、车身、电气系统、车载网络系统等方面十分类似。

新能源汽车重点要解决的动力电池管理、电机与控制管理、整车控制管理三大不同于内燃机汽车的问题。

发展新能源汽车是基于能源安全、环境保护、技术竞争力、产业升级的国家战略。

2020 年 11 月,国务院办公厅印发《新能源汽车产业发展规划(2021—2035 年)》,要求深入实施发展新能源汽车国家战略,推动中国新能源汽车产业高质量可持续发展,加快建设汽车强国。

2022 年 2 月 28 日,国家统计局发布《中华人民共和国 2021 年国民经济和社会发展统计公报》全年新能源汽车产量 367.7 万辆,比上年增长 152.5%,结束了连续三年的负增长。

2023 年 2 月 28 日,国家统计局发布《中华人民共和国 2022 年国民经济和社会发展统计公报》显示:2022 年全年新能源汽车产量 700.3 万辆,比上年增长 90.5%。

根据中国汽车工业协会(中汽协)的数据,2023 年中国新能源汽车产销量分别达到了958.7 万辆和 949.5 万辆,均创下了历史新高。

中汽协数据显示,2024 年 1 至 10 月,新能源汽车的产量为 977.9 万辆,销量为 975 万辆。预计全年产量和销量较往年都将实现显著增长。

思 考 与 练 习

一、单项选择题

1. 新能源汽车"三电"系统是指(   )。

A. 驱动电机系统   B. 动力蓄电池系统

C. 整车电控系统   D. 以上都不是

2. 采用蓄电池作为动力源,成本低、无污染,发展潜力大的是(   )。

A. 混合动力汽车   B. 燃料电池电动汽车

C. 氢发动机汽车   D. 纯电动汽车

3. 具有结构简单、工作周期长、成本低、易维护优点的电机是(   )。

A. 直流电机   B. 三相交流异步电机

C. 永磁同步电机   D. 开关磁阻电机

4. 以下不是开关磁阻电机的特点的是(   )。

A. 结构简单   B. 质量小

C. 成本高   D. 可靠性高

5. 控制动力电源与驱动电机之间能量传输的装置是(   )。

A. 驱动电机控制器   B. 驱动电机

C. IGBT   D. 冷却系统

6. 根据工作电源不同,驱动电机可分为(   )。

A. 直流电机和交流电机   B. 直流电机和交流异步电机

C. 同步电机和异步电机   D. 笼型感应电机和绕线转子感应电机

二、简答题

1. 驱动电机控制器的作用是什么?

2. 实车查找驱动电机控制器主要组成部件,并对各部件作用进行简要说明。

3. 请根据你对直流电机的认知,说一说直流电机的特点有哪些?

项目 2 驱动电机的检测与维修

项目描述

驱动电机是电动汽车的驱动单元，是以磁场为媒介进行机械能和电能相互转换的电磁装置，是驱动电动汽车行驶的动力装置，是动力总成的核心部件，承担着电能转化和充电的双重功能。它的技术性能直接影响车辆运行的动力性和经济性。本项目主要学习直流电机、交流异步电机和永磁同步电机的组成、分类、工作原理，本项目包含以下两个工作任务：

任务 2.1 更换永磁同步电机；

任务 2.2 检测永磁同步电机。

通过完成以上两个工作任务的学习，学生能够更换与检测永磁同步电机。

任务 2.1 更换永磁同步电机

任务目标

知识目标	技能目标	素养目标
熟悉直流电机的组成、分类	能在直流电机上指出各部分名称	培养职业规范意识，严格遵守设备操作规程，养成严谨的工作态度
交流异步电机的组成、分类	能在交流异步电机上指出各部分名称	
永磁同步电机的组成、分类	能在永磁同步电机上指出各部分名称	

2.1.1 直流电机的组成、分类

1. 直流电机的组成

直流电机由定子和转子两大部分组成。直流电机运行时静止不动的部分称为定子，定子的主要作用是产生磁场，由外壳(机座)、主磁极、换向极、电刷装置、轴承和端盖等组成。运行时转动的部分称为转子，其主要作用是产生电磁转矩和感应电动势，是直流电机进行能量转换的枢纽，所以通常又称为电枢，由转轴、电枢铁芯、电枢绕组、换向器和电刷装置等组成。直流有刷电机结构如图 2-1 所示。

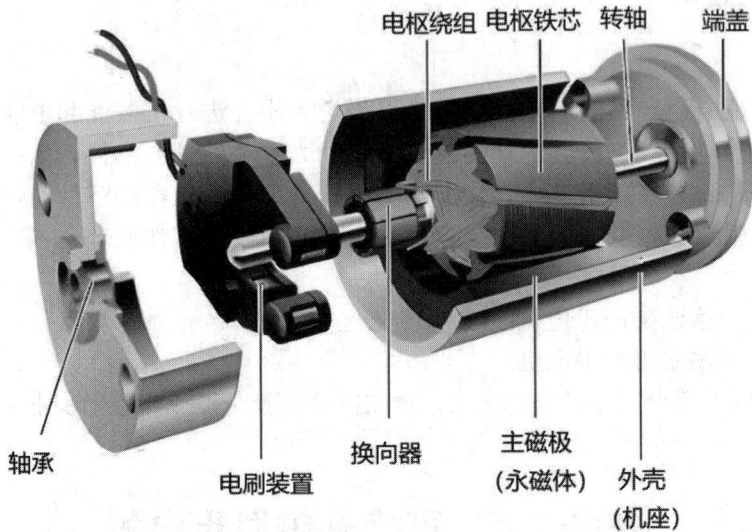

图 2-1　直流有刷电机结构

1) 直流电机的定子部分

直流电机的定子部分包括机座、主磁极、换向极和电刷装置等，直流电机的定子内部结构如图 2-2 所示。

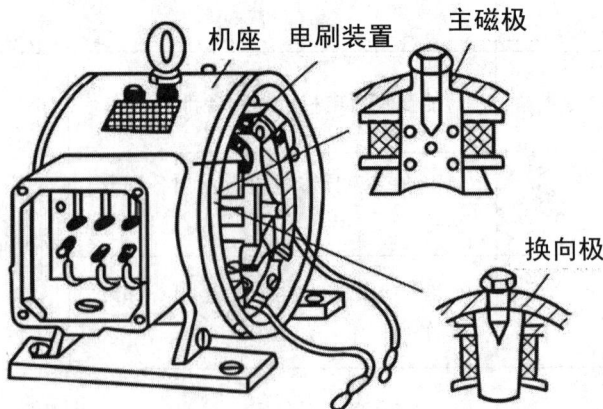

图 2-2　直流电机的定子内部结构

(1) 机座。机座有两个作用：一是作为直流电机磁路系统中的一部分，二是用来固定主磁极、换向极及端盖等，起机械支撑的作用，因此要求机座有良好的导磁性能和足够的机械强度及刚度。机座通常用铸钢或厚钢板焊接而成。

(2) 主磁极。在大多数直流电机中，主磁极是电磁铁，为了尽可能地减小涡流和磁滞损耗，主磁极铁芯用 1～1.2 mm 厚的低碳钢板叠压而成。整个磁极用螺钉固定在机座上。主磁极的作用是在定子和转子之间的气隙中建立磁场，使电枢绕组在磁场的作用下产生感应电动势和产生电磁转矩，电枢绕组在磁场的作用如图 2-3 所示。

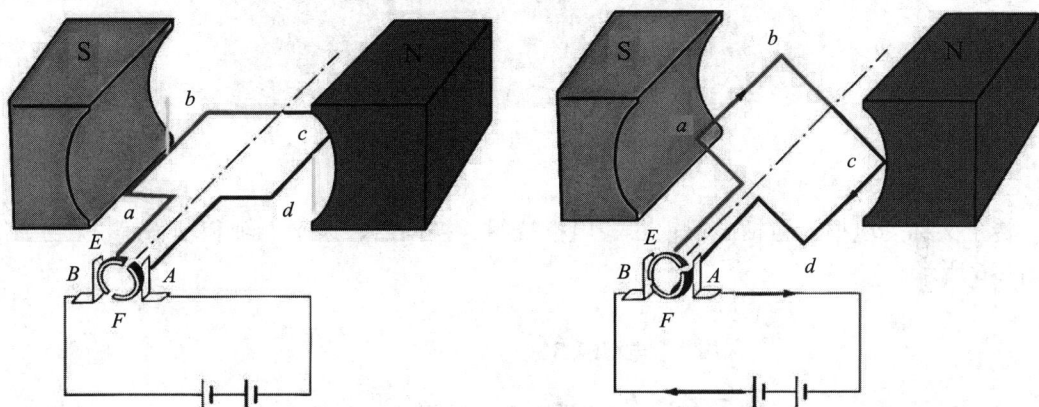

图 2-3 电枢绕组在磁场的作用示意图

(3) 换向极。换向极又称附加极或间极，其作用是改善换向。换向极装在相邻两主磁极之间，它也是由铁芯和绕组构成的，如图 2-4 所示。

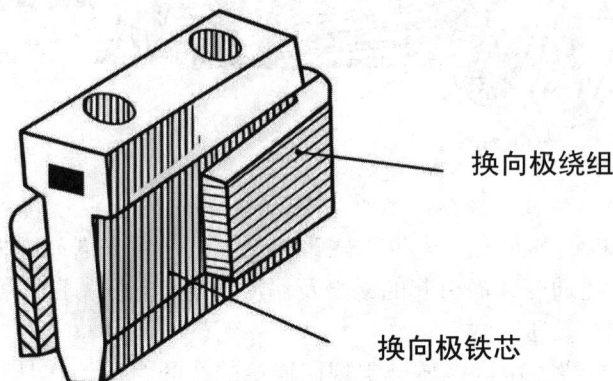

图 2-4 换向极

(4) 电刷装置。电刷的作用是把转动的电枢绕组与静止的外电路相连接，并与换向器相配合，担负着对电枢绕组中感应的交变电动势进行换向(整流)的任务。电刷装置部件组成如图 2-5 所示。

图 2-5   电刷装置

2) 直流电机的转子部分

转子又称为电枢，包括电枢铁芯、电枢绕组、换向器、风扇、轴和轴承等，转子结构如图 2-6 所示。

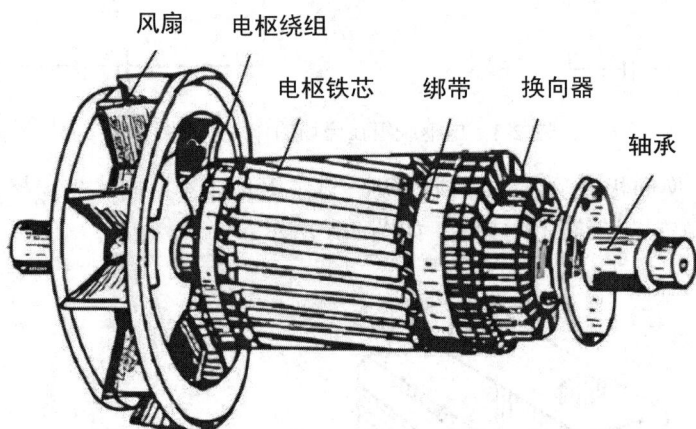

图 2-6   直流电机转子结构图

(1) 电枢铁芯。电枢铁芯是直流电机主磁路的一部分，用来嵌放电枢绕组。为了减少电枢旋转时电枢铁芯中磁通变化而引起的磁滞及涡流损耗，电枢铁芯通常采用 0.5 mm 厚的两面涂有绝缘漆的硅钢片叠压而成。

(2) 电枢绕组。电枢绕组由许多按一定规律连接的线圈组成。它是直流电机的主要电路部分，也是通过电流和感应电动势实现机电能量转换的关键性部件。

(3) 换向器。换向器实现外电路电流与电枢绕组中交流电之间的相互变换。

2. 直流电机的分类

(1) 直流电机按功用分可以分为直流电动机和直流发电机。

(2) 直流电机按有无电刷分可以分为有刷直流电机和无刷直流电机。图 2-7 为有刷直流电机模型，图 2-8 为无刷直流电机的外观。

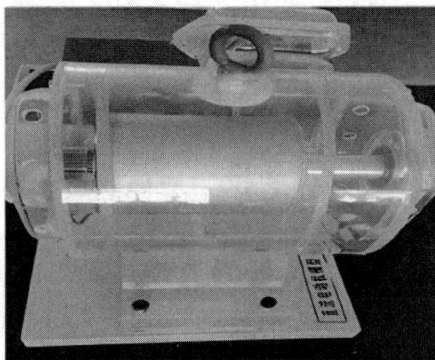

图 2-7 有刷直流电机模型   图 2-8 无刷直流电机

(3) 直流电机按励磁方式可以分为他励式、并励式、串励式、复励式四种，如图 2-9 所示。

① 他励式直流电机。他励式直流电机的接线如图 2-9(a)所示，他励式直流电机的励磁绕组与电枢绕组分别由各自的直流电源单独供电，在电路上没有直接联系。

② 并励式直流电机。并励式直流电机的接线如图 2-9(b)所示，并励式直流电机的励磁绕组与电枢绕组并联，由同一个直流电源供电。两个绕组电压相等，励磁绕组匝数多，导线截面积较小，励磁电流只占电枢电流的一小部分。

③ 串励式直流电机。串励式直流电机的接线如图 2-9(c)所示，串励式直流电机的励磁绕组与电枢绕组串联，由同一个直流电源供电，流过励磁绕组和电枢绕组的电流相等。励磁绕组匝数少，导线截面积较大，励磁绕组上的电压降很小。

④ 复励式直流电机。复励式直流电机的接线如图 2-9(d)所示，复励式直流电机有两个励磁绕组，一个与电枢绕组并联，另一个与电枢绕组串联，由同一个直流电源供电。

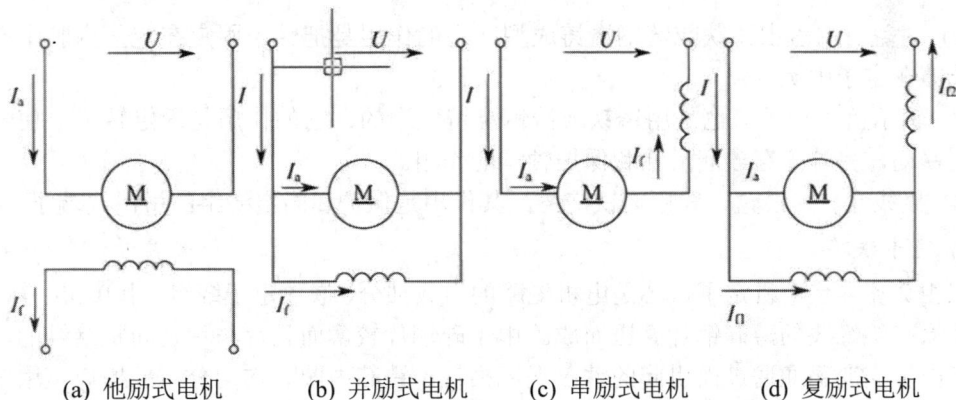

(a) 他励式电机   (b) 并励式电机   (c) 串励式电机   (d) 复励式电机

图 2-9 按励磁分类的直流电机

2.1.2 交流异步电机的组成、分类

三相交流异步电机，也常被称作三相异步电动机。它的种类很多，但各类三相交流异步电机的基本结构是相同的，它们都由定子和转子这两大基本部分组成。三相交流异步电机在定子和转子之间具有一定的气隙，此外，还有端盖、轴承、接线盒等其他附件，其结

构组成如图 2-10 所示。

图 2-10   三相交流异步电机结构组成

1. 三相交流异步电机的定子

定子是用来产生旋转磁场的。三相交流异步电机的定子一般由外壳、定子铁芯、定子绕组等组成。

1) 外壳

三相交流异步电机外壳包括机座、端盖、轴承盖、接线盒等部件。

(1) 机座。机座由铸铁或铸钢浇铸成型，它的作用是保护和固定三相交流异步电机的定子绕组。中、小型三相交流异步电机的机座还有两个端盖支承着转子，它是三相交流异步电机机械结构的重要组成部分。通常，机座的外表要求散热性能好，所以一般都铸有散热片。

(2) 端盖。端盖由铸铁或铸钢浇铸成型，它的作用是把转子固定在定子内腔中心，使转子能够在定子中旋转。

(3) 轴承盖。轴承盖也是用铸铁或铸钢浇铸成型的，它的作用是固定转子，使转子不能轴向移动，另外起存放润滑油和保护轴承的作用。

(4) 接线盒。接线盒一般用铸铁浇铸，其作用是保护和固定绕组的引出线端子。

2) 定子铁芯

三相交流异步电机定子铁芯是电机磁路的组成部分，嵌放定子绕组，由 0.35～0.5 mm 厚表面涂有绝缘漆的薄硅钢片叠压而成。由于硅钢片较薄而且片与片之间是绝缘的，所以减少了由于交变磁通通过而引起的铁芯涡流损耗。铁芯内圈有均匀分布的槽口，用来嵌放定子绕组。

3) 定子绕组

定子绕组是三相交流异步电机的电路部分，三相交流异步电机有三相绕组，通入三相对称电流时，就会产生旋转磁场。三相绕组由三个彼此独立的绕组组成，且每个绕组又由若干线圈连接而成。每个绕组即为一相，每个绕组在空间上相差 120° 角度。线圈由绝缘铜导线或绝缘铝导线绕制。中、小型三相交流异步电机多采用圆漆包线，大、中型三相交流异步电机的定子绕组则用较大截面的绝缘扁铜线或扁铝线绕制后，再按一定规律嵌入定子铁芯槽内。

定子三相绕组的六个出线端都引至接线盒上，首端分别标为 U_1、V_1、W_1，末端分别标为 U_2、V_2、W_2。这六个出线端在接线盒里的排列如图 2-11 所示，可以接成星形或三角形。

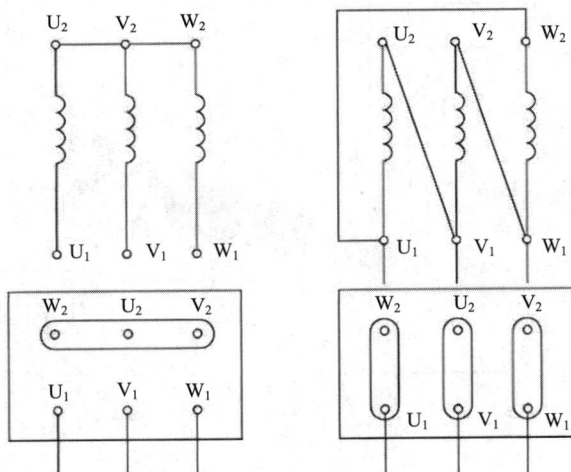

图 2-11　定子绕组的联结

2. 三相交流异步电机的转子

1) 转子铁芯

转子铁芯用 0.5 mm 厚的硅钢片叠压而成，套在转轴上，是主磁路的组成部分，用于放置或浇注转子绕组。

2) 转子绕组

转子绕组的作用是产生磁场，并将电能转换为机械能。转子绕组根据结构形式分为笼型转子绕组和绕线型转子绕组。

(1) 笼型转子绕组。在转子铁芯的每一个槽中插入一根铜条，在铜条两端各用一个铜环(称为端环)把导条连接起来，称为铜排转子。也可用铸铝的方法，把转子导条和端环风扇叶片用铝液一次浇铸而成，称为铸铝转子。100 kW 以下的小型交流异步电机一般采用铸铝转子。

(2) 绕线型转子绕组。绕线型转子绕组是与定子绕组相似的三相对称绕组，一般接成星形。三个出线端分别接到三个滑环上，再通过电刷引出。

(3) 转轴。转轴的作用是支撑转子铁芯、传递机械功率，由低碳钢或合金钢制成。

3. 交流异步电机的其他部分

交流异步电机的其他部分包括端盖、风扇等。端盖除了起防护作用外，还装有轴承，用以支撑转子轴。风扇则用来通风冷却电机。三相交流异步电机的定子与转子之间还存在气隙，一般仅为 0.2～1.5 mm。气隙太大，电机运行时的功率因数降低；气隙太小，使装配困难、运行不可靠，高次谐波磁场增强，从而使附加损耗增加以及使启动性能变差。

2.1.3　永磁同步电机的组成、分类

永磁同步电机主要由定子、转子、旋转变压器(包括电机旋变线圈、旋变信号盘等组件)、

温度传感器、电机三相输入电缆、电机壳体总成等组成，其整体结构部件分解如图 2-12 所示。

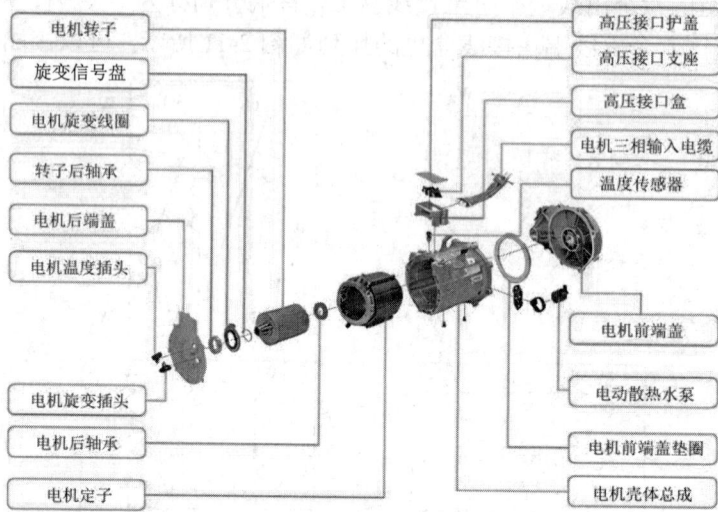

图 2-12　永磁同步电机分解图

1. 永磁同步电机的定子

永磁同步电机的定子由定子铁芯和定子绕组构成。定子铁芯一般采用 0.5 mm 硅钢冲片叠压而成，对于具有高效率指标或频率较高的电机，为了减少铁耗，可以考虑使用 0.35 mm 的低损耗冷轧无取向硅钢片。定子绕组一般制成多相(三、四、五相不等)，通常为三相。三相绕组沿定子铁芯对称分布，在空间互差 120° 角度，通入三相交流电时，产生旋转磁场。

2. 永磁同步电机的转子

永磁同步电机的转子主要由永磁体、转子铁芯和转轴等构成，其中永磁体主要采用铁氧体永磁和钕铁硼永磁材料。转子铁芯可根据磁极结构的不同，选用实心钢，或采用钢板或硅钢片冲制后叠压而成。转子上安装有永磁体磁极，永磁体磁极外凸镶嵌在转子铁芯外侧，组成若干对磁极。

3. 永磁同步电机的电机传感器

永磁同步电机依靠内置传感器来提供电机的工作信息，这些传感器主要有检测电机转速的旋转变压器和电机温度传感器。

1) 旋转变压器

旋转变压器也称旋变传感器，简称旋变，是一种电磁式传感器。它是一种测量角度用的小型交流电机，在驱动电机系统中可用于获取电机转子的位置信号(即角位移)，由控制器解码后可获知电机转速。旋转变压器的种类较多，目前车用驱动电机多采用磁阻式旋转变压器，其转子采取多极形状，定子槽内的线圈绕组由励磁、正弦、余弦三组线圈组成。

2) 电机温度传感器

电机温度传感器的作用是检测电机定子绕组的温度，并提供散热风扇启动的信号。电机温度传感器最常用的是热敏电阻。

2.1.4　任务实施

实训题目	更换永磁同步电机				
工具					
班级		时间		地点	
内　容					

Step1. 导学

1. 新能源汽车维修服务站新接收了一辆待维修车辆，据车主反映，车辆存在底盘异响的现象，技师经过检查，初步确定为驱动电机内部故障，需要更换驱动电机，并将此任务安排给你。

2. 老师带领学生一起分析完成用户委托所需具备的能力：

_____

_____

_____

_____

请在规定的时间内(360 min)合理使用老师提供的资源完成用户委托。

Step2. 信息

1. 作业前准备。

(1) 首先保证规范的着装；

(2) 在车辆周围应当拉设_____；

(3) 为了防止车辆着火，发生火灾，应当在作业前检查_____

_____；

(4) 在车辆前方需要放置_____；

(5) 为了保证我们的安全，在工作前我们要穿戴好_____

_____。

2. 检查所需要用到的检修工具。

(1) 作业所需要用到的工具有：_____；

(2) 在作业前需要检查维修手册、电路图是否完备；

(3) 在作业前要测量绝缘地垫的绝缘电阻，测量的标准值应当是大于 20 MΩ。

3. 基本知识。

(1) 请查阅相关资料，完成驱动电机的技术参数。

项目	参数
类型	
基速	
转速范围	
额定功率	
峰值功率	
额定扭矩	
峰值扭矩	
重量	

(2) 请从结构的角度说明交流异步电机、永磁同步电机与开关磁阻电机的区别。

类型	区别
交流异步电机	
永磁同步电机	
开关磁阻电机	

4. 更换永磁同步电机的任务实施。

作 业 流 程		
序号	作业项目	操作要点
1	认识不同类型的驱动电机	区分不同类型的电机
2	电机内部结构认识	拆装及内部组成认识
3	电机外部结构认识	外部组成功能认识

Step3. 规划

接受并解析委托书，讨论如何与其他维修技师沟通，尽可能地达到安全更换永磁同步电机的目的。

1. 通过与老师傅的交流以及车辆资料，收集信息，找到更换永磁同步电机的具体方法。

_____

_____

_____

_____

2. 思考可能会遇到哪些问题。

_____

_____

_____

_____

Step4. 决策

列出找到更换永磁同步电机的流程。

_____

_____

_____

_____

Step5. 执行

根据 Step4. 决策所确定的流程完成下列事项(如不涉及可不填)。

1. 安全注意事项：_____

2. 工作方案：_____

_____

_____

_____

_____

3. 场地、设备及车辆：

_____

_____

_____

_____

4. 在组长的组织下完成执行过程记录，形成展示的海报。

_____

_____

_____

_____

Step6. 检查

1. 检查工具是否全部归位；

2. 检查设备是否全部归位；

3. 检查工作场地是否清洁。

Step7. 评判

自我反思，发现自己的不足，对实操过程进行总结和评价。或者针对实操过程中其他组的同学表现进行评价，评价指标不限于以下内容。

评价内容	评价指标(各项满分 10 分)	评价结果
工具设备	工具使用规范：有落地扣 1 分，工具选用错误扣 1 分，工具摆放凌乱扣 1 分，工具未清洁扣 1 分	
流程掌握	流程漏项扣 1 分，流程错误扣 3 分，没有流程为 0 分	
交流互助	由于交流不到位导致工作不畅扣 1 分，实习过程中没有交流扣 1 分	
完成速度	第一得 10 分，第二得 8 分，第三得 7 分	
安全意识	在操作中出现安全隐患得 0 分，车辆保护未到位扣 2 分	

Step8. 系统化

通过老师对学习成果的总结，对预备知识和后续学习情景之间的联系进行记录，并记录下节课的学习任务。

_____

_____

_____

_____

任务 2.2   检测永磁同步电机

任务目标

知识目标	技能目标	素养目标
直流电机的工作原理	能描述直流电机的工作原理	培养职业规范意识，严格遵守设备操作规程，养成严谨的工作态度
交流异步电机的工作原理	能描述交流异步电机的工作原理	
永磁同步电机的工作原理	能描述永磁同步电机的工作原理	

2.2.1   直流电机的工作原理

图 2-13 所示为直流电机工作原理示意图。直流电机中固定有环状永磁体，图 2-13(a) 所示电路接通后，线圈 ab 段在磁场中受到向上的力，线圈 cd 段在磁场中受到向下的力，线圈开始转动。

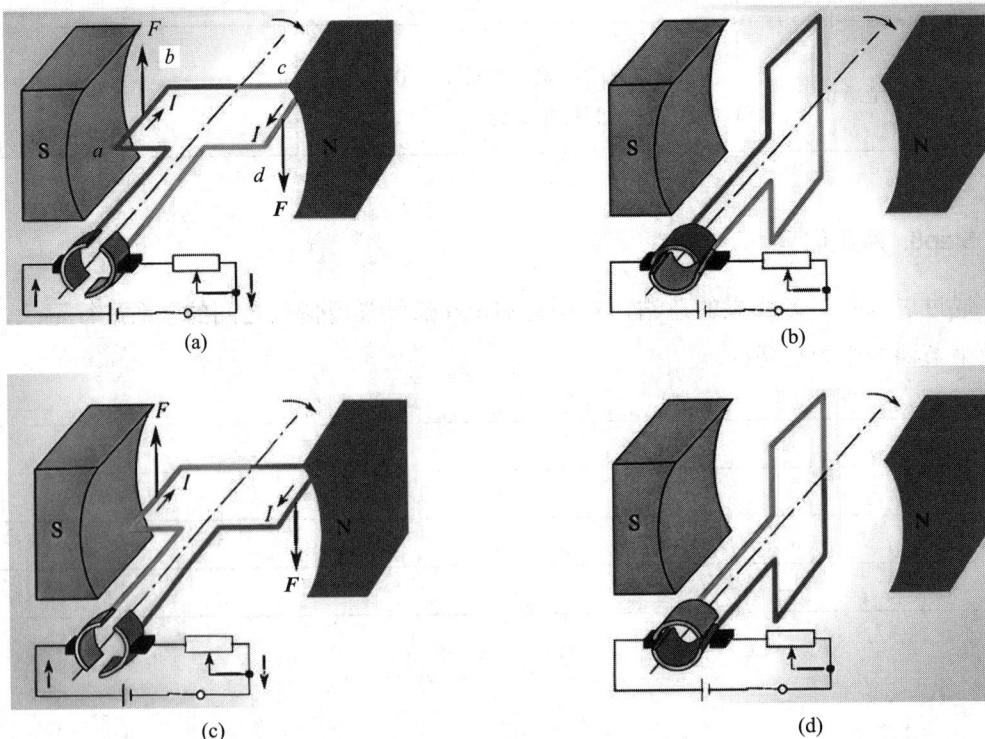

(a)

(b)

(c)

(d)

图 2-13　直流电机工作原理示意图

当线圈转过图 2-13(b)所示位置后，转子末端的电刷转为接触另一侧的转换片，*cd* 段受到向上的力，*ab* 段受到向下的力，使得线圈旋转方向保持不变，如图 2-13(c)所示。类似地，当线圈转过图 2-13(d)所示位置后，电刷接触的转换片再次交换，线圈旋转方向仍不变。可见，在换向器和电刷的配合下，直流电流交替地由导体 *ab* 和 *cd* 流入，使线圈旋转方向保持不变，从而使电动机连续地旋转起来，直流电能就转换成了转子轴上输出的机械能。

2.2.2　交流异步电机的工作原理

下面以三相交流异步电机为例进行介绍。

1. 旋转磁场

当磁铁旋转时，磁铁与闭合的导体发生相对运动，笼型导体切割磁感线而在其内部产生感应电动势和感应电流。感应电流又使导体受到一个电磁力的作用，电磁力 *f* 的方向可用左手定则确定，如图 2-14 所示。电磁力作用于转子导体上，对转轴形成电磁转矩，使转子按照旋转磁场的方向旋转起来，转速为 *n*，这就是异步电动机的旋转原理。转子转动的方向和磁极旋转的方向相同。

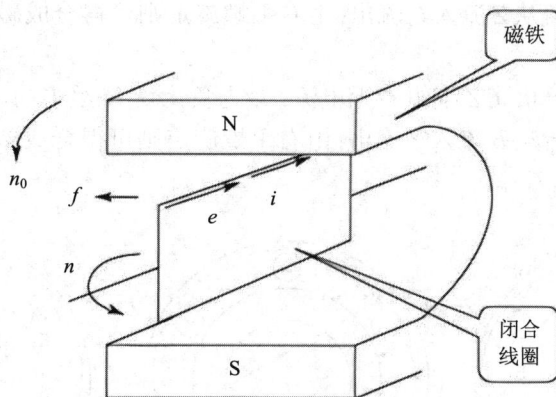

图 2-14　磁场旋转原理示意图

图 2-15 所示为最简单的三相定子绕组 *AX*、*BY*、*CZ*，它们在空间按互差 120° 的规律对称排列，并接成星形与三相电源相联，从而通过三相对称电流，如图 2-16 所示。随着电流在定子绕组中通过，在三相定子绕组中就会产生旋转磁场。

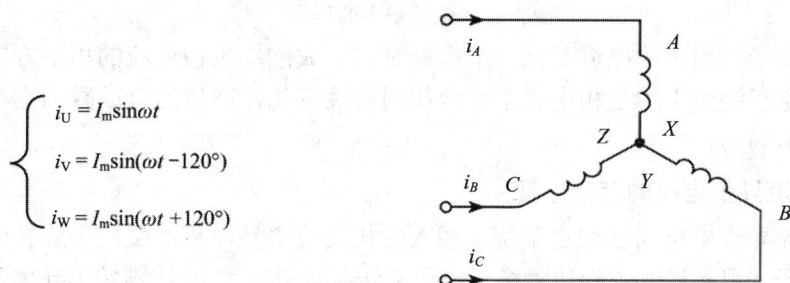

$$\begin{cases} i_U = I_m \sin\omega t \\ i_V = I_m \sin(\omega t - 120°) \\ i_W = I_m \sin(\omega t + 120°) \end{cases}$$

图 2-15　三相异步电动机定子接线

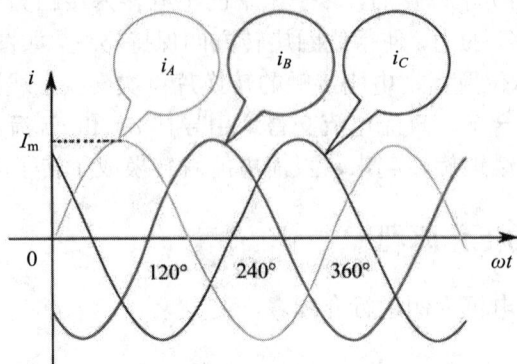

图 2-16　三相交流电随时间变化曲线

当 $\omega t = 0°$ 时，$i_A = 0$，AX 绕组中无电流：i_B 为负，BY 绕组中的电流从 Y 流入 B 流出；i_C 为正，CZ 绕组中的电流从 C 流入 Z 流出；由右手螺旋定则可得合成磁场的方向如图 2-17(a) 所示。

当 $\omega t = 120°$ 时，$i_B = 0$，BY 绕组中无电流；i_A 为正，AX 绕组中的电流从 A 流入 X 流出；i_C 为负，CZ 绕组中的电流从 Z 流入 C 流出；由右手螺旋定则可得合成磁场的方向如图 2-17(b) 所示。

当 $\omega t = 240°$ 时，$i_C = 0$，CZ 绕组中无电流；i_A 为负，AX 绕组中的电流从 X 流入 A 流出；i_B 为正，BY 绕组中的电流从 B 流入 Y 流出；由右手螺旋定则可得合成磁场的方向如图 2-17(c) 所示。

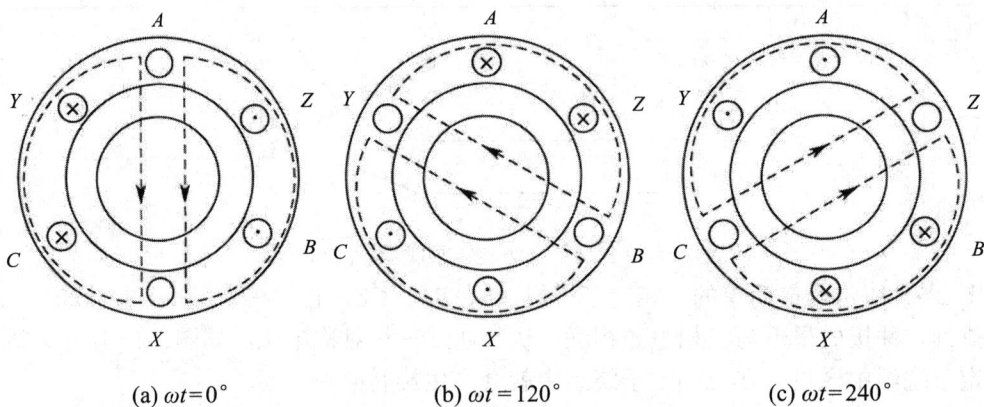

(a) $\omega t = 0°$　　　　(b) $\omega t = 120°$　　　　(c) $\omega t = 240°$

图 2-17　旋转磁场的形成

可见，当定子绕组中的电流变化一个周期时，合成磁场也按电流的相序方向在空间旋转一周。随着定子绕组中的三相电流不断地作周期性变化，产生的合成磁场也不断旋转，因此称为旋转磁场。

2. 三相交流异步电机的转动原理

当三相交流异步电机的三相定子绕组通入三相交流电后，将产生一个旋转磁场，该旋转磁场切割转子绕组，形成了旋转磁场。定子旋转磁场以速度 n_0 切割转子导体产生感应电动势(方向依右手定则判定)，在转子导体中形成电流，使导体受电磁力作用形成电磁转矩，

推动转子以转速 n 顺时针方向旋转(方向依左手定则判定)，并从轴上输出一定大小的机械功率。根据右手定则，在上半部转子导体的电动势和电流方向由里向外，在下半部则由外向里，如图 2-18 所示。

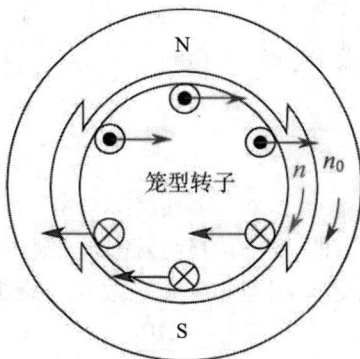

图 2-18　三相交流异步电机的转动原理示意图

旋转磁场的方向是由三相绕组中的电流相序决定的，若想改变旋转磁场的方向，只要改变通入定子绕组的电流相序，即将三根电源线中的任意两根对调即可。这时，转子的旋转方向也跟着改变。

三相交流异步电机的转子转速 n 始终不会加速到旋转磁场的转速 n_0，因为只有这样，转子绕组与旋转磁场之间才会有相对运动而切割磁感线，转子绕组导体中才能产生感应电动势和电流，从而产生电磁转矩，使转子按照旋转磁场的方向继续旋转。由此可见 $n < n_0$ 是异步电机工作的必要条件，"异步"的名称也由此而来。

旋转磁场的转速 n_0 和电机转子转速 n 之差与旋转磁场的转速之比称为转差率 S。

$$S = \frac{n_0 - n}{n_0} \times 100\%$$

三相交流异步电机的极数就是旋转磁场的极数，旋转磁场的极数和三相绕组的安排有关。

当每相绕组只有一个线圈，绕组的始端之间相差 120° 时，产生的旋转磁场具有一对磁极，即 $p=1$，图 2-19 所示为一对磁极示意图。

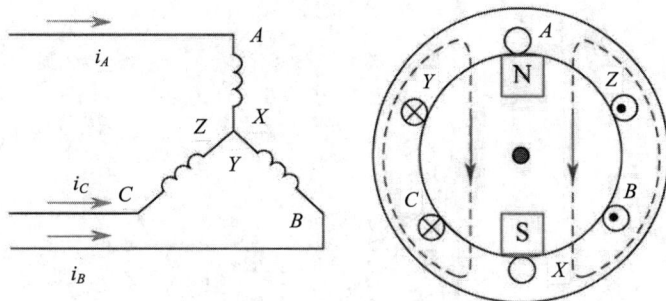

图 2-19　一对磁极示意图

当每相绕组为两个线圈串联，绕组的始端之间相差 60° 时，产生的旋转磁场具有两对磁极，即 $p=2$，图 2-20 所示为两对磁极示意图。

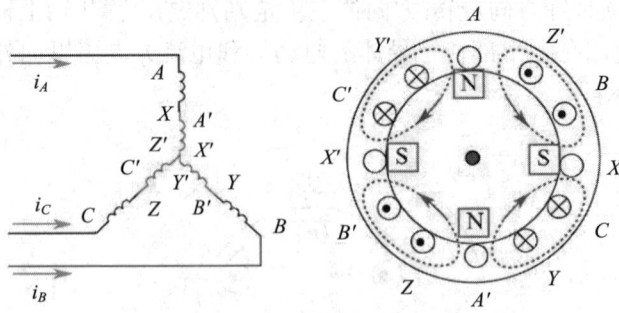

图 2-20　两对磁极示意图

同理，如果要产生三对磁极(即 $p=3$)的旋转磁场，则每相绕组必须有均匀安排在空间的串联的三个线圈，绕组的始端之间相差 40°。极数 p 与绕组的始端之间的角 θ 的关系为：

$$\theta = \frac{120°}{p}$$

三相交流异步电机旋转磁场的转速 n_0 与电动机磁极对数 p 有关，它们的关系是：

$$n_0 = \frac{60f_1}{p}$$

由上式可知，旋转磁场的转速 n_0 取决于电流频率 f_1 和磁场的极数 p。对某一三相交流异步电机而言，f_1 和 p 通常是一定的，所以磁场转速 n_0 是一个常数。

2.2.3　永磁同步电机的工作原理

从基本原理上讲，永磁同步电机与电励磁同步电机是一样的，都是通过定转子磁动势相互作用，并保持相对静止来获得恒定的电磁转矩来运行的。两者唯一的区别是永磁同步电机用永磁体励磁来代替电励磁，使电机结构简化，加工和装配成本降低，且省去了励磁绕组、电刷和集电环，提高了电机运行的可靠性。永磁同步电机采用正弦交流及无电刷结构，其工作原理如图 2-21 所示。

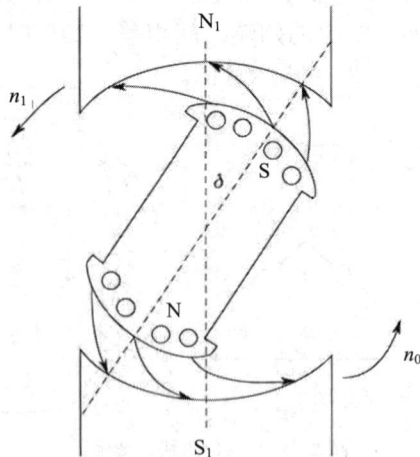

图 2-21　永磁同步电机工作原理

在电机的定子绕组中通入三相交流电流，产生旋转磁场。当定子产生的旋转磁场以转速 n_1 按图示方向旋转时，如果此时定子磁动势与转子磁动势的方向一致，则不产生转矩；如果方向不一致，则产生的异步转矩与定子磁场和永久磁场所产生的同步转矩共同作用，将转子牵入同步，定子旋转磁场最终会与转子永磁极紧紧吸引，带转子一起旋转。此时，转子在旋转磁场的拖动下旋转，与定子磁场保持同步转速 n_1。若转子上的负载转矩增加，转子磁极轴线与定子磁极轴线之间的夹角 δ 就会增大；反之，δ 就会减小，但是只要负载保持在一定限度内，转子就始终跟随定子旋转磁场以同步转速旋转。对于同步电机，当其负载在一定范围内改变时，只要保持电源频率不变，转速就是恒定不变的。当电机极对数为 p 时，转子转速 n 与定子电流频率 f 之间满足以下关系式：

$$n = \frac{60 f_1}{p}$$

当负载转矩超出一定限度时，转子转速就会降低甚至下降到零，导致转子不能再以同步转速运行，这就是同步电机的"失步"现象。该最大转矩限值称为最大同步转矩，因此，要保证电机正常工作，就要使电机的负载转矩不能大于最大同步转矩。

在驱动电机(以北汽 C33DB 型电机为例)系统中，驱动电机控制器输出频率和幅值可变的 U、V、W 三相交流电至电机形成旋转磁场，电机通过位置传感器将电机转子当前的位置发送给驱动电机控制器，以供其进行参考控制。驱动电机系统连接示意图如图 2-22 所示。

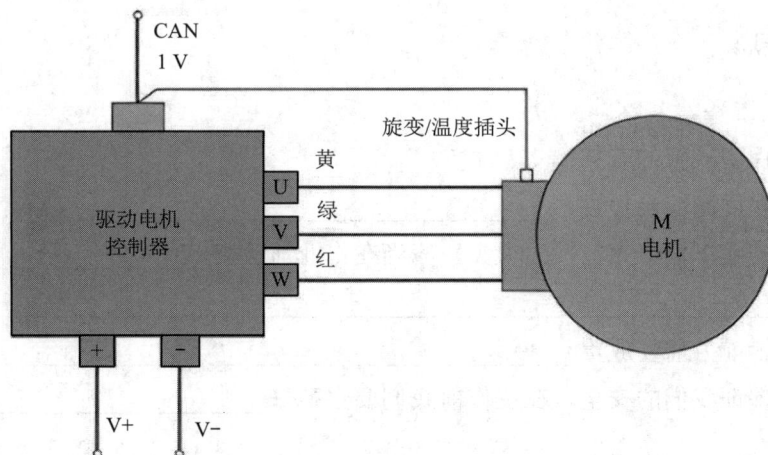

图 2-22　驱动电机系统连接示意图

2.2.4　任务实施

实训题目	检测永磁同步电机				
工具					
班级		时间		地点	
内　容					

Step1. 导学

1. 你的主管让你检测新能源汽车驱动电机的性能，你能完成这个任务吗？
2. 老师带领学生一起分析完成用户委托所需具备的能力：

_____

_____

_____

_____

请在规定的时间内(360 min)合理使用老师提供的资源完成用户委托。

Step2. 信息

1. 作业前准备。
(1) 首先保证规范的着装；
(2) 在车辆周围应当拉设_____；
(3) 为了防止车辆着火，发生火灾，应当在作业前检查_____
_____；
(4) 在车辆前方需要放置_____；
(5) 为了保证我们的安全，在工作前我们要穿戴好_____
_____。

2. 检查所需要用到的检修工具。
(1) 作业所需要用到的工具有：_____；
(2) 在作业前需要检查维修手册、电路图是否完备；
(3) 在作业前要测量绝缘地垫的绝缘电阻，测量的标准值应当是大于 20 MΩ。

3. 基本知识。

(1) 电机驱动系统一般由_____、_____等组成。电机是以磁场为媒介进行_____和_____互相转换的电磁装置，在电动汽车驱动过程中作为电动机运行将动力电池中存储的_____转换为_____驱动车辆运行，在制动或减速过程中作为发电机运行将_____转化为_____存储在动力电池中。电机控制器(功率变换器)输出特定的电压和电流调节电机的运行以产生所需的_____和_____在能量变换过程中存在电能、机械能和磁场能量损失，这会影响能量转换效率，但是一般来说电机的能量转换效率都要远远高于其他设备的能量转换效率。

(2) 左手定则(又称电动机定则)：伸出_____，使拇指与其余四个手指垂直，并且都与手掌在同一平面内，让_____从掌心进入，并使四指指向_____的方向，这时_____所指的方向就是通电导线在磁场中所受安培力的方向。

(3) 右手螺旋定则，右手食指方向为_____方向，右手握住线圈，沿_____方向产生了向下的磁力线，由于线圈绕在磁极上，磁力线由磁极通过转子的电枢铁芯，再通过定子铁芯构成了一个闭合的磁力回路。

(4) 直流电机由静止的_____和旋转的_____两大部分组成，在_____和_____之间有一定大小的间隙(称气隙)。

4. 检测永磁同步电机的任务实施。

检测项目	要　　　求
检查驱动电机外观标识	检查并记录电机外观实际情况 检查并记录电机铭牌信息 转动手柄进行空转检查并记录
检查驱动电机冷却密封回路	检查冷却密封回路 安装(加气时不能漏气)冷却密封仪和堵头 用压缩空气加压 200 kPa，保持 15 min 不下降，表明密封良好
测量冷态绝缘电阻	测量并记录冷态绝缘电阻
测量绕组	用接地电阻表电阻挡测量并记录绕组短路情况 用数字万用表交流电压挡测量并记录绕组断路情况(转动手柄的同时观察万用表是否有数据显示)
测量旋变传感器	用数字万用表电阻挡测量并记录旋变传感器各电阻
测量温度传感器	用数字万用表电阻挡测量并记录定子温度传感器各电阻

序号	测试项目	技术要求	结果	
1	外观	电机表面不应有锈蚀、碰伤、划痕，涂覆层不应有剥落，紧固件连接牢固，接线端完整无损		
2	标识	电机铭牌标识是否清楚，字迹是否清晰		
		(1) 工作电压：		
		(2) 最大功率：		
		(3) 最高转速：		
		(4) 防护等级：		
		(5) 绝缘等级：		
		(6) 型号：		
		(7) 最大转矩：		
3	空转检查	无定转子相擦或异响		
4	冷却回路密封性	标准要求：不低于 200 kPa，保压 15 min，无泄漏		
5	冷态绝缘电阻	兆欧表电压等级：1000 V		
		标准要求：≥20 MΩ	U-壳	
			V-壳	
			W-壳	
		兆欧表电压等级：1000 V		
		标准要求：≥ 20 MΩ	U-温度传感器	
			V-温度传感器	
			W-温度传感器	
6	绕组短路检查	测试条件：使用接地电阻表进行绕组间的电阻测量	U-V	
			V-W	
			W-U	
7	绕组断路检查	测试条件：使用专用工具转动电机，通过数字万用表测量电机绕组间的电压	U-V	
			V-W	
			W-U	
8	旋变传感器绕组阻值检查	标准要求：12.5±2 Ω	正弦	
		标准要求：12.5±2 Ω	余弦	
		标准要求：6.5±2 Ω	励磁	
9	电机绕组温度传感器阻值检查	标准要求：10℃~40℃温度下，50.04 kΩ~212.5 kΩ		

Step3. 规划

接受并解析委托书，讨论如何与其他维修技师沟通，尽可能地达到安全检测永磁同步电机的目的。

1. 通过与老师傅的交流以及车辆资料，收集信息，找到检测永磁同步电机的具体方法。

_____

_____

_____

_____

_____

2. 思考可能会遇到的问题。

_____

_____

_____

_____

Step4. 决策

列出找到检测永磁同步电机的流程。

_____

_____

_____

_____

Step5. 执行

根据 Step4. 决策所确定的流程完成下列事项(如不涉及可不填)。

1. 安全注意事项： _____

2. 工作方案： _____

_____

_____

_____

_____

3. 场地、设备及车辆：

_____

_____

_____

_____

4. 在组长的组织下完成执行过程记录，形成展示的海报。

_____

_____

_____

_____

Step6. 检查

1. 检查工具是否全部归位；

2. 检查设备是否全部归位；

3. 检查工作场地是否清洁。

Step7. 评判

自我反思，发现自己的不足，对实操过程进行总结和评价。或者针对实操过程中其他组的同学表现进行评价，评价指标不限于以下内容。

评价内容	评价指标(各项满分 10 分)	评价结果
工具设备	工具使用规范：有落地扣 1 分，工具选用错误扣 1 分，工具摆放凌乱扣 1 分，工具未清洁扣 1 分	
流程掌握	流程漏项扣 1 分，流程错误扣 3 分，没有流程为 0 分	
交流互助	由于交流不到位导致工作不畅扣 1 分，实习过程中没有交流扣 1 分	
完成速度	第一得 10 分，第二得 8 分，第三得 7 分	
安全意识	在操作中出现安全隐患得 0 分，车辆保护未到位扣 2 分	

Step8. 系统化

通过老师对学习成果的总结，对预备知识和后续学习情景之间的联系进行记录，并记录下节课的学习任务。

_____

_____

_____

_____

_____

_____

🔧 拓展阅读

我国新能源汽车政策支持

2020 年 10 月，国务院常务会会议通过了《新能源汽车产业发展规划》(以下简称《规划》)。《规划》表明，2021 年起国家生态文明试验区、大气污染防治重点区域新增或更新公交、出租、物流配送等公共领域车辆，新能源汽车比例不低于 80%。

2020 年 11 月，国务院办公厅印发《新能源汽车产业发展规划(2021—2035 年)》，要求深入实施发展新能源汽车国家战略，推动中国新能源汽车产业高质量可持续发展，加快建设汽车强国。

2021 年 12 月 27 日，上海保险交易所正式上线新能源车险交易平台，并首批挂牌人保财险、平安财险、太保产险等 12 家财险公司的新能源汽车专属保险产品，为新能源汽车专属保险产品落地服务提供支持。

1. 启动新能源汽车换电模式应用试点工作

2021 年 4 月，为贯彻落实《新能源汽车产业发展规划(2021—2035 年)》，促进新能源汽车换电模式创新发展，工业和信息化部会同相关部门印发《关于组织开展新能源汽车换电模式应用试点工作的通知》。日前，工业和信息化部办公厅印发《关于启动新能源汽车换电模式应用试点工作的通知》，决定启动新能源汽车换电模式应用试点工作。纳入此次试点范围的城市共有 13 个，其中综合应用类城市 8 个(北京、南京、武汉、三亚、重庆、长春、合肥、济南)，重卡特色类 3 个(宜宾、唐山、包头)。

2. 公布《新能源汽车商业保险专属条款(试行)》

2021 年 12 月 14 日，随着新能源汽车普及度的不断增加，其风险特征逐渐暴露，已经与传统燃油车有了很大区别。中国保险行业协会举行新闻发布会，正式公布了《新能源汽车商业保险专属条款(试行)》。

3. 五部门加强新能源车安全体系建设

2022 年 4 月 8 日，工信部、公安部、交通运输部、应急管理部、市场监管总局五部门联合发布《关于进一步加强新能源汽车企业安全体系建设的指导意见》(以下简称《意见》)，提出从安全管理机制、产品质量安全、检测平台效能等方面综合提升新能源车整体安全水平，为新能源车创造良好的消费市场环境。

4. 工信部将启动公共领域车辆全面电动化城市试点

2022 年 6 月 14 日，中共中央宣传部举行"中国这十年"系列主题新闻发布会的第八场发布会，介绍党的十八大以来工业和信息化发展成就。会上，工业和信息化部副部长辛国斌在介绍新能源汽车发展时表示，工信部将优化"双积分"管理办法，加大新体系电池、车用操作系统等的攻关突破，启动公共领域车辆全面电动化城市试点。

2022 年，根据最新政策，原定在 2022 年底到期的免征新能源汽车购置税政策，将再延期实施至 2023 年底。国家税务总局 2022 年 8 月 31 日发布数据显示，2022 年前 7 个月，新能源汽车免征车购税 406.8 亿元，同比增长 108.5%。

5. 三部门：延续新能源汽车免征车辆购置税政策

2022 年 9 月 26 日，财政部网站消息，财政部、税务总局、工业和信息化部发布关于延续新能源汽车免征车辆购置税政策的公告。同年 10 月 5 日，央视新闻客户端消息，据了解，新能源汽车免征车辆购置税政策延长至 2023 年 12 月 31 日，政策利好，直接降低了消费者的购车成本，促进了汽车消费。

2023 年 12 月 11 日，工业和信息化部、财政部、税务总局关于调整减免车辆购置税新能源汽车产品技术要求的公告。

6. 工业和信息化部副部长单忠德：健全落后车企退出机制，支持优势新能源车企兼并重组

2024 年 3 月 16 日，在中国电动汽车百人会论坛(2024)上，工业和信息化部副部长单忠德表示，中国新能源汽车取得了令人瞩目的成就，但发展还面临着一些困难和挑战。从国际上看，还需要共同构建畅通稳定的全球产业链、供应链，进一步维护公正透明的经贸规则，更好地赋能构建人类命运共同体；从国内看，车用芯片、基础软件等还要加强攻关，新能源汽车低温适应性、安全性、充电便利性等还需要持续提升。他指出，新能源汽车产业发展的机遇大于挑战，有利条件强于不利因素，对产业发展的未来充满信心。单忠德介绍，工信部将加强部门协同，完善政策举措，进一步提升创新发展能力、系统竞争能力、开放合作能力，加快发展智能网联新能源汽车新质生产力，从四个方面加大赋能新能源汽车产业发展。

思 考 与 练 习

单项选择题

1. 定子绕组是三相交流电机电路的一部分，由嵌放在定子铁芯槽中的线圈按照一定规则连接成的三相定子绕组，其作用是产生(　　)。

A. 燃料电池汽车　　　　　　　　　　B. 增程式电动汽车

C. 插电式混合动力汽车　　　　　　　D. 油电混合动力汽车

2. 永磁同步电机转子由永磁体、转子铁芯和(　　)组成。

A. 定子　　　　　　　　　　　　　　B. 转轴

C. 不锈钢　　　　　　　　　　　　　D. 滚轴

3. 在电动汽车上，旋变传感器作为测量驱动电机转子位置的元件，将转子位置信息传输给电机控制器，用于(　　)测量及控制。

A. 电机转速　　　　　　　　　　　　B. 车速

C. 方向盘　　　　　　　　　　　　　D. 以上都不是

4. 永磁同步电机最终达到转子的旋转速度与定子产生的旋转磁场速度(　　)。

A. 相等   B. 相反

C. 相关联   D. 以上都不是

5. 异步电机中，转子的速度恒定小于(　　)。

A. 风速   B. 轮毂转速

C. 车速   D. 磁场旋转速度

6. 新能源汽车上的永磁同步电机机座上设置有液体冷却管路，用于电机实现(　　)。

A. 快速散热   B. 支撑

C. 制冷   D. 隔热

7. 根据转子转速与磁场转速是否相等则分为同步电机与(　　)。

A. 三相电机   B. 异步电机

C. 交流电机   D. 步进电机

8. 定子三相绕组在空间位置、结构及物理参数等方面完全(　　)。

A. 相同   B. 重合

C. 对称   D. 以上都不是

项目 3　驱动电机控制器的检测与维修

项目描述

驱动电机控制器是新能源汽车车辆行使中的主要执行机构，其驱动特性决定了汽车行驶的主要性能指标，是电动汽车的重要部件之一。驱动电机控制器接收从加速踏板（相当于燃油汽车的油门）、刹车踏板和 PDRN（停车、前进、倒车、空档）控制手柄的输出信号，控制牵引电机的旋转，通过减速器、传动轴、差速器、半轴等机械传动装置（当电动汽车使用电动轮时机械传动装置有所不同）带动驱动车轮。本项目主要学习驱动电机控制器的功能、结构、分类和工作原理。

任务 3.1　检修驱动电机控制器

任务目标

知识目标	技能目标	素养目标
熟悉驱动电机控制器的功能、结构和分类	能描述驱动电机控制器的功能、结构，能区分不同类型的驱动电机控制器	培养爱岗敬业的价值观，建立专业自信、实践创新的工匠精神
驱动电机控制器的工作原理	能描述驱动电机控制器的工作原理	

3.1.1　驱动电机控制器的结构、功能和分类

驱动电机控制器是一个高功率高电压的功率电子模块。如图 3-1 所示，驱动电机控制器能够按照整车控制器(VCU)的需求，在四象限上对三相交流永磁同步电机进行转矩控制，支持转速闭环控制模式。驱动电机控制器和 VCU 之间采用 CAN 总线通信，采用 12 V 低压供电，能保证电机安全运行（禁止产生非受控的转矩输出）。驱动电机控制器与整车的直流高压端直接连接，同时与驱动电机的三相端直接连接。

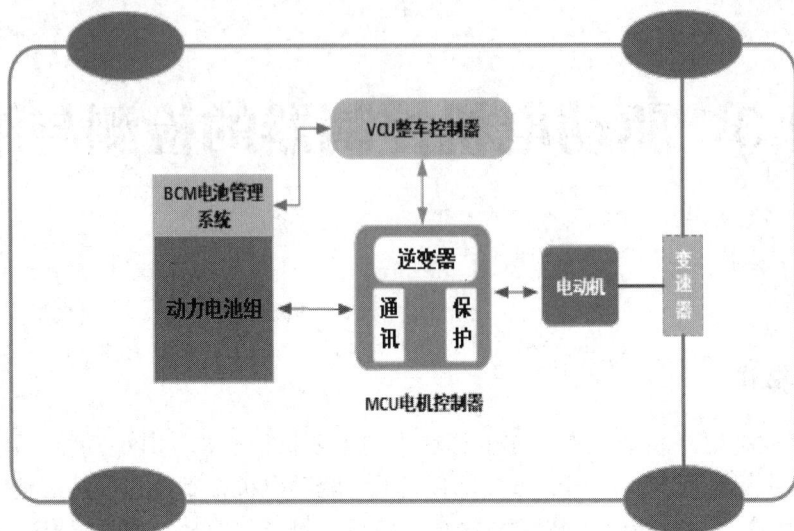

图 3-1　驱动电机控制器

1. 驱动电机控制器的结构

驱动电机控制器主要由控制器加外围电路构成，如图 3-2 所示。驱动电机控制器是驱动电机的控制中心，又称智能功率模块，以 IGBT(绝缘栅双极型晶体管)模块为核心，辅以驱动集成电路、主控集成电路，对所有的输入信号进行处理，并将驱动电机控制器运行状态的信息通过网络发送给整车控制器。

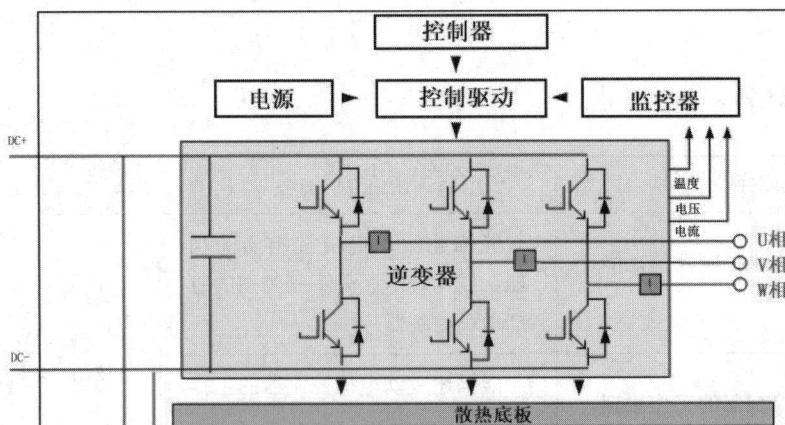

图 3-2　驱动电机控制器结构图

(1) 控制器与控制驱动。首先整车控制器接收驾驶员操作指令(如加速、制动等)并结合整车安全和车辆电气系统运转状况(如过温、欠压等)，给到驱动电机控制器详细指令(如转速、转矩指令等)，驱动电机控制器做出响应并改动电源电流、电压、频率等参数，使得电机的运转状况契合整车控制器的需求；然后驱动电机控制器接收电机转速等信号并反馈到仪表，当发生制动或者加速行为时，驱动电机控制器控制变频器频率的升降，从而达到加速或者减速的目的。

(2) 逆变器与三相电机。逆变器(经常使用的功率器件有 IGBT 晶体管、MOSFET 场效应管)接收电池输送过来的直流电电能,逆变成三相交流电给汽车电机提供电源。

2. 驱动电机控制器的功能

驱动电机控制器响应并反馈整车控制器根据驾驶员的意图发出的各种指令,实时调整驱动电机输出,以实现整车的前行、倒车、停车、能量回收及驻坡等功能。

1) 驱动电机控制器的逆变功能

将直流电转变为幅值频率可变的交流电的功能,即为电机控制器的逆变功能。驱动电机控制器类型为电压型逆变器,利用 IGBT(绝缘栅双极型晶体管)将直流电转换为交流电,主要功能是控制电动机和发电机等根据不同工况控制电机的正反转、功率、扭矩、转速等。即控制电机的前进、倒退、维持电动车的正常运转。

逆变原理如图 3-3 所示,假设 $S_1 \sim S_4$ 是理想开关,当 S_1、S_4 闭合,S_2、S_3 断开,负载电压为正(U_0);当 S_1、S_4 断开,S_2、S_3 闭合,负载电压为负($-U_0$)。如此往复循环,在负载上就形成了交流电,交流电的频率随开关的开关频率而变化。

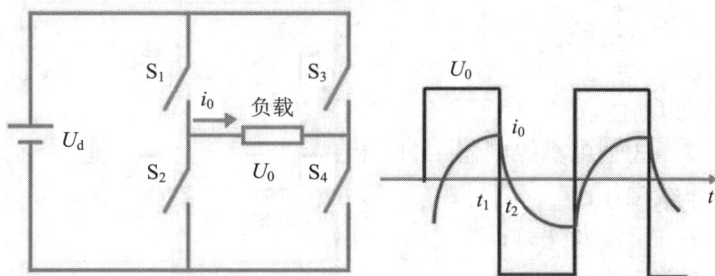

图 3-3　逆变原理

开关 $S_1 \sim S_4$,在实际驱动电机控制器中基本利用功率开关管 IGBT 来实现电力变换,IGBT 的外形如图 3-4 所示。IGBT 开关频率每秒达上千次,在使用过程中易产生大量的热,易损坏,但也是驱动电机控制器中的核心元件。

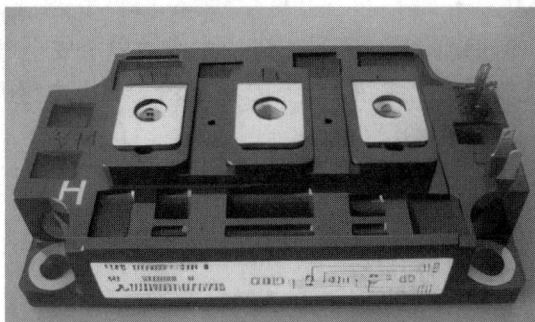

图 3-4　功率开关管 IGBT

2) 驱动电机控制器的通信功能

(1) 整车控制器与电机控制器。整车控制器将接收到的驾驶员行驶意图,给到电机控制器详细指令(如转速、转矩指令等)。

(2) 电机控制器与整车控制器。电机控制器将驱动系统的行驶参数(如转速、转矩、转子温度和故障代码等),传递于整车控制器以达到监控的目的。

3) 电机控制器的安全功能

(1) 电机与电机控制器。电机通过旋变、温度等传感器，将电机自身参数给到电机控制器，以使电机控制器达到监控电机的目的。

(2) 电机控制器与电机。电机控制器发现电机异常(如失速、电流过大、温度过高等)，降低或停止对电机的供给电压以达到保护电机的目的。

4) 驱动电机控制器内部主要模块的功能

(1) 控制主板的功能。

① 与整车控制器通信；

② 监测直流母线及相电流；

③ 控制 IGBT 模块；

④ 采集 IGBT 温度；

⑤ 反馈 IGBT 模块和电机温度；

⑥ 为旋转变压器励磁供电；

⑦ 对旋变信号进行监测与分析；

⑧ 信息反馈。

(2) IGBT 模块的功能。

① 将信号反馈至驱动电机控制器控制主板；

② 监测直流母线电压；

③ 将直流转换为交流及变频；

④ 监测相电流的大小；

⑤ 监测 IGBT 模块温度；

⑥ 三相整流。

(3) 内部电容和放电电阻的功能。

① 内部电容(薄膜电容)的功能是在接通高压电路时被充电，使电机启动时保持电压的稳定。

② 放电电阻：断开高压电路时，通过电阻给电容放电至安全电压。

图 3-5 所示为电容及放电电阻实物图，图 3-6 所示为放电电路的原理示意图。

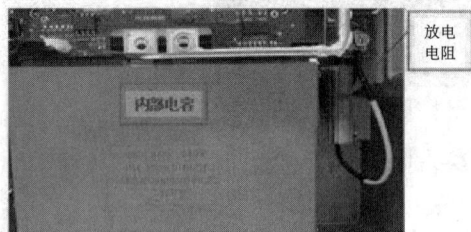

图 3-5　电容及放电电阻实物图

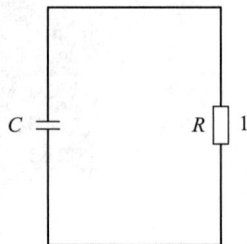

图 3-6　放电电路的原理示意图

3. 驱动电机控制器的分类

驱动电机控制器的核心器件是 IGBT，结构工程师最关心它的尺寸和封装形式，它的大小直接影响外壳的尺寸以及水道的布置形式。

据此，可将驱动电机控制器分为三代。Ⅰ、Ⅱ代驱动电机控制器均在市场上被广泛应用，根据成本或者应用环境的要求搭载在不同的车型上。Ⅲ代驱动电机控制器大多应用在控制器工程样机阶段。

1) Ⅰ代驱动电机控制器

Ⅰ代驱动电机控制器的显著特点是金属壳体上需要设计水道，水流与 IGBT 不进行任何接触。IGBT 散发出的热量需要通过其下部的金属底板，依靠传导方式传递给壳体外侧的冷却水进行散热。为减少传导热阻，通常需要在 IGBT 金属底板上涂抹导热硅脂后再与主壳体贴合。图 3-7 所示为Ⅰ代驱动电机控制器总布置；图 3-8 所示为主壳体水道造型；图 3-9 所示为Ⅰ代驱动电机控制器高压线束接口。

图 3-7 Ⅰ代驱动电机控制器总布置　　　图 3-8 主壳体水道造型

图 3-9 Ⅰ代驱动电机控制器高压线束接口

2) Ⅱ代驱动电机控制器

Ⅱ代驱动电机控制器 IGBT 模块集成的散热结构与冷却水直接接触，换热面积大，热交换效率高，能有效降低控制器的升温速度，提高驱动电机控制器的输出容量上限。同时，Ⅱ代驱动电机控制器降低了机械设计工程师的匹配设计难度，方便搭载和应用，目前该模块形式广泛应用于乘用车车型中。

(1) Ⅱ代驱动电机控制器与Ⅰ代驱动电机控制器比较。

① 系统峰值功率远高于同参数的 I 代产品；

② 与 I 代相比，体积更小、质量更小，功率密度更高；

③ 与 I 代相比，造价高很多。

经试验测试，与 I 代相比，II 代驱动电机控制器的 IGBT 模块总热阻大大降低，如水温约 20℃、水流量 4~9 L/min 时，模块的总热阻最高降低 33%。另外其内部各芯片的温度分布更为均匀，有利于模块的均流特性。II 代驱动电机控制器的外观如图 3-10 所示。

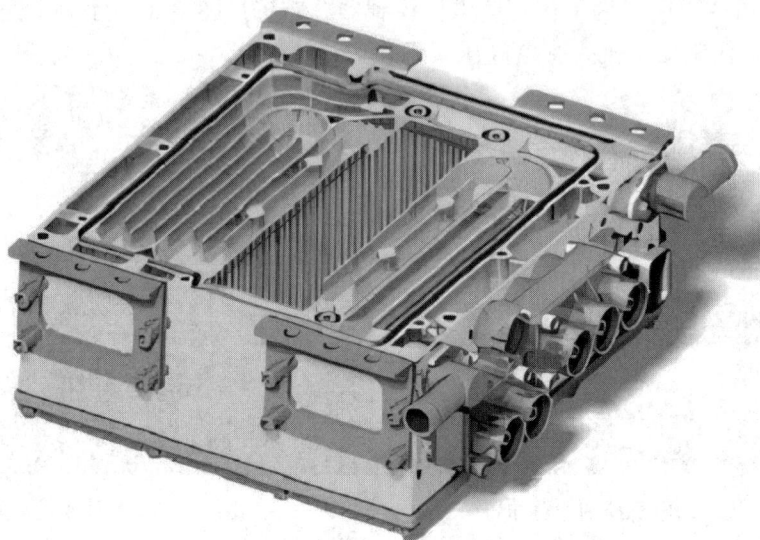

图 3-10　II 代驱动电机控制器

(2) II 代驱动电机控制器具有的性能优点。

① 完善的保护功能。

II 代驱动电机控制器具有过压、欠压、过流、短路、过载、过热(功率模块、电机和电路板)、超速、自检、CAN 丢失、MCU 监控、高压互锁、开盖互锁、辅助电源故障、通信故障等保护功能，并可进行故障诊断(诊断传感器信号开路、短路、接电源和传感器)。

② 快速的动态响应。

II 代驱动电机控制器转速控制精度高及过冲量小；

力矩控制精度高，响应快速，为极限工况的运行可靠性提供保障；

旋转变压器的零位自动校正功能可在车辆行驶情况下自动校正零位。

3) III 代驱动电机控制器

III 代驱动电机控制器的 IGBT 模块采用双面冷却方式，把温度传感器和电流传感器功能集成一个模块，实现对整个模块进行芯片级的管理，同时集成水冷流道的散热结构。

水冷设计的重点包括流量的均衡，采用双面水冷，较之单面水冷，双面水冷热阻减小32%，水路压降也只有单面水冷的 35%。同时，对于双面散热，仅增大 27.5%的压力，就能获得双倍于单面水冷的总散热流量。同等条件下，采用双面水冷散热后，输出功率能够增加 30%以上。

3.1.2　驱动电机控制器的工作原理

1. 驱动电机控制器的控制策略

驱动电机控制器采用三相两电平电压源型逆变器,整车控制器(VCU)发出指令,通过 CAN 线传输到驱动电机控制器主板,驱动电机控制器主板经过逻辑换算和确定旋转变压器的转子位置,再发信号驱动 IGBT 模块,IGBT 模块输出三相交流电使电机旋转。驱动电机控制器主板对所有的输入信号进行处理,并将驱动电机控制器运行状态的信息反馈给整车控制器。驱动电机控制器内含故障诊断电路。当诊断出异常时,它将会激活一个错误代码,同时存储该故障码和数据或发送给整车控制器。驱动电机控制器工作原理如图 3-11 所示。

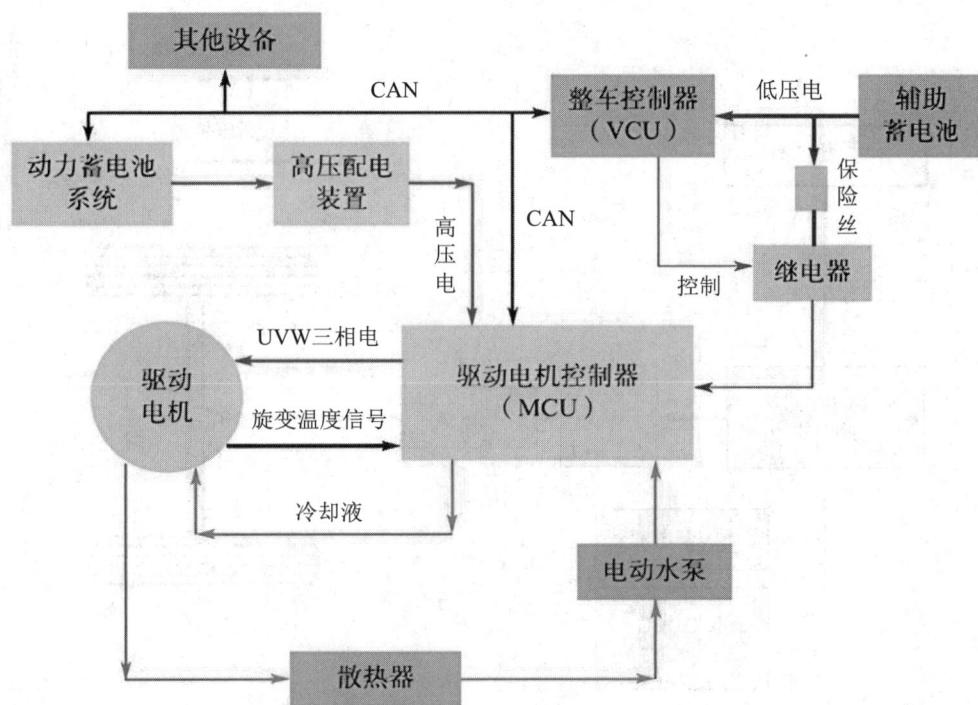

图 3-11　驱动电机控制器工作原理图

IGBT 模块根据控制器主板的指令,将输入的直流电逆变成电压、频率可调的三相交流电,供给配套的三相永磁同步电机使用。在能量回收工况时,IGBT 将发电机输入的交流电,经过整流转换成直流电给动力蓄电池充电。

2. 冷却系统的控制策略

下面以北汽 EX360 为例,介绍冷却系统的控制策略。

1) 水泵控制

启动车辆时电动水泵开始工作。

2) 电机温度控制

当驱动电机控制器监测到驱动电机温度在 45~50℃范围时,冷却风扇低速启动;温度高于 50℃时，冷却风扇高速启动；温度降至 40℃的冷却风扇停止工作。驱动电机在 120～140℃范围时，降功率运行；温度高于 140℃时，降功率至 0，即停机。

3) 驱动电机控制器温度控制

当驱动电机控制器监测到散热基板温度高于 75℃时，冷却风扇低速启动；温度高于 80℃时，冷却风扇高速启动；温度降至 75℃时冷却风扇停止工作；温度高于 85℃时，超温保护生效，设备停机；当驱动电机控制器监测到散热基板温度在 75～85℃范围时，降功率运行。

3. 驱动电机控制器的驱动模式

当驱动电机控制器从整车控制器处得到扭矩输出命令时，将动力蓄电池提供的直流电转化成三相交流电，驱动电机输出扭矩，通过机械传动来驱动车辆，如图 3-12 所示。

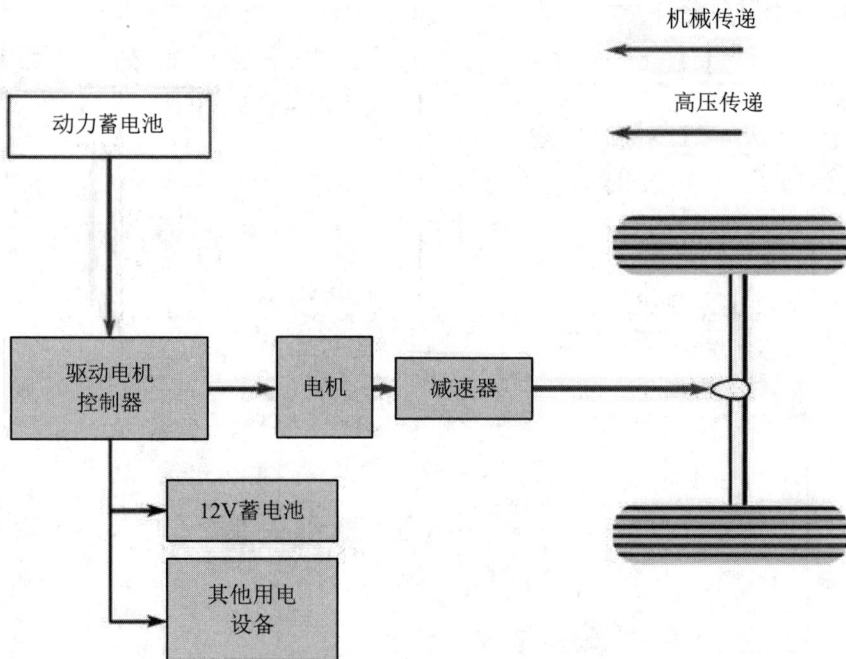

图 3-12　驱动电机控制器驱动控制示意图

根据驾驶员意图，以下分别对挂 D 挡行车、挂 R 挡倒车两种驱动电机系统驱动工作状态进行分析：

1) D 挡行驶

驾驶员挂 D 挡并踩加速踏板，此时挡位信息和加速信息通过信号线传递给整车控制器 (VCU)，VCU 把驾驶员的操作意图通过 CAN 传递给驱动电机控制器(MCU)，再由 MCU 结合旋转变压器信息进行控制，向永磁同步电机的定子通入三相交流电，三相电流在定子绕组的电阻上产生电压降。由三相交流电产生的旋转电枢建立的电枢磁场，一方面切割定子绕组，并在定子绕组中产生感应电动势，另一方面以电磁力拖动转子以同步转速正向旋转。随着加速踏板行程不断加大，驱动电机控制器控制的 IGBT 导通频率上升，驱动电机的转矩随着电流的增加而增加。随着驱动电机转速的增加，驱动电机的功率和电压也随之增加。在电动汽车上，一般要求电动机的输出功率保持恒功率，即电动机的输出功率不随转速增加而变化，这就要求在电动机转速增加时，电压保持恒定。与此同时，驱动电机控制器也会通过传感器感知驱动电机当前功率、消耗电流大小、电压大小，并把这些信息数据通过CAN 网络发送给 VCU 及仪表。

2) R 挡行驶

当驾驶员挂 R 挡时，驾驶员请求信号发给 VCU，再通过 CAN 发送给 MCU，此时 MCU 结合当前转子位置(旋转变压器)信息，通过改变 IGBT 模块改变 W、V、U 通电顺序，进而控制驱动电机反转。

4. 驱动电机控制器的发电模式

当车辆在滑行或制动时，整车控制器检测到满足启动能量回收的条件时，发出能量回收指令，IGBT 模块输出为 0，电机停止工作，驱动车轮通过传动系统使电机转子旋转，此时电机就成了发电机，输出三相正弦交流电，通过 IGBT 模块转换成直流电向动力蓄电池充电，如图 3-13 所示。

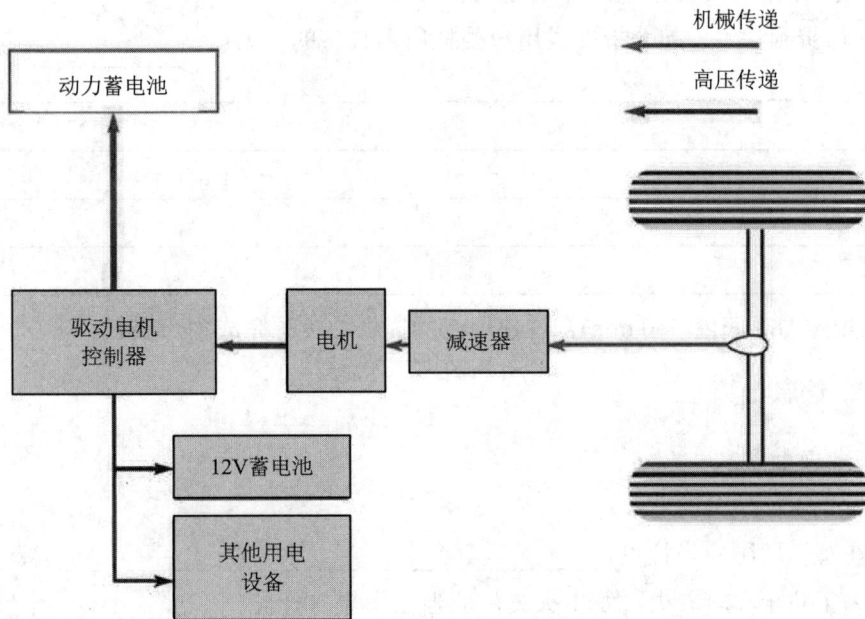

图 3-13　驱动电机控制器发电控制示意图

驱动电机启动能量回收的条件如下：
(1) 加速踏板开度为 0 或处于制动状态；
(2) 电池电量小于 95%；
(3) 动力蓄电池温度低于 45 ℃；
(4) 各系统无故障。

3.1.3　任务实施

实训题目	检修驱动电机控制器		
工具			
班级	时间	地点	
内　容			

Step1. 导学

1. 用户反映车辆行驶过程中突然失去动力，但仪表显示有转速，同时整车故障灯闪烁，有警报声，仪表有 Err：109 的故障码呈现。重新启动后，挂挡无法启动车辆，仪表显示无转速，整车故障灯闪烁，有警报声。你的主管初步判断驱动电机控制器发生故障，让你对驱动电机控制器进行检测，你能完成这个任务吗？

2. 老师带领学生一起分析完成用户委托所需具备的能力：

_____

_____

_____

_____

请在规定的时间内(360 min)合理使用老师提供的资源完成用户委托。

Step2. 信息

1. 作业前准备。

(1) 首先保证规范的着装；

(2) 在车辆周围应当拉设_____；

(3) 为了防止车辆着火，发生火灾，应当在作业前检查_____
_____；

(4) 在车辆前方需要放置_____；

(5) 为了保证我们的安全，在工作前我们要穿戴好_____
_____。

2. 检查所需要用到的检修工具。

(1) 作业所需要用到的设备有：

a. 常规防护装备(工作服、绝缘劳保鞋、护目镜、绝缘头盔、绝缘手套);

b. 万用表、诊断仪、台架等;

c. 新能源汽车维修组合工具;

d. 高压电维修警示牌、绝缘地胶、二氧化碳型灭火器。

(2) 在作业前需要检查维修手册、电路图是否完备。

(3) 在作业前要测量绝缘地垫的绝缘电阻,测量的标准值应当是大于 20 MΩ。

3. 基本知识。

(1) 电机控制器(MCU)是一个高功率高电压的功率电子模块。

(2) 电机控制器能够按照整车控制器(VCU)的需求,在四象限上对三相交流永磁同步电机进行_____控制。

(3) 电机控制器支持转速闭环控制模式。

(4) 电机控制器和 VCU 之间采用_____通信,采用_____低压供电。

(5) 电机控制器能保证电机安全运行(禁止产生非受控的转矩输出)。

4. 对纯电动汽车的驱动电机管理系统的检测的任务实施。

(1) 驱动电机控制器的基本结构如图 3-14 所示。

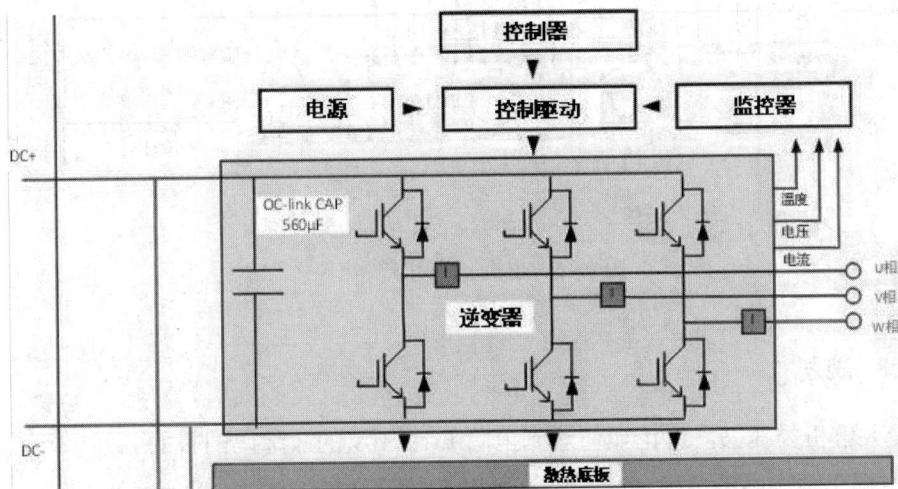

图 3-14 驱动电机控制器的基本结构

逆变器与三相电机:逆变器(经常使用的功率器件有 IGBT 晶体管、MOSFET 场效应管)接收电池输送过来的直流电电能,逆变成三相交流电给汽车电机提供电源。

控制器与控制驱动:控制器通过脉宽调制信号等控制驱动板,实现对逆变器的控制。整车控制器接收到驾驶员意图(如加速、制动等)并结合整车安全和车辆电气系统运转状况(如过温、欠压等),给到电机控制器详细指令(如转速、转矩指令等),电机控制器做出响应改动电源电流、电压、频率等参数，使得电机的运转状况契合整车控制器的需求。其次控制器接收电机转速等信号反馈到仪表，当发生制动或者加速行为时，控制器控制变频器频率的升降，从而达到加速或者减速的目的。

(2) 电机的通信功能(图 3-15)。

整车控制器与电机控制器：整车控制器将接收到的驾驶员行驶意图，给到电机控制器详细指令(如转速、转矩指令等)。

电机控制器与整车控制器：电机控制器将驱动系统的行驶参数(如转速、转矩、转子温度、预充信号和故障代码等)，传递于整车控制器以达到监控的目的。

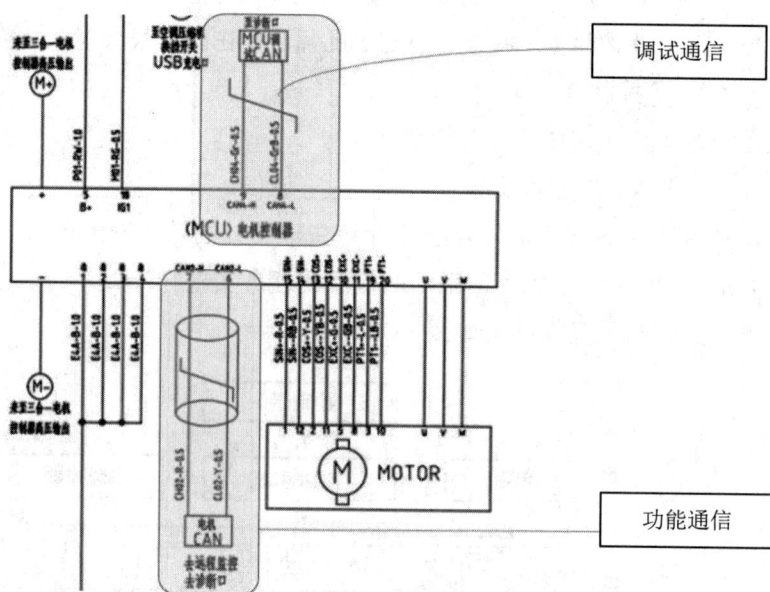

图 3-15　电机驱动系统的电路图

Step3. 规划

接受并解析委托书，讨论如何达到消除 Err：109 的故障码的目的。

1. 根据车辆实际的故障现象，制订针对该故障现象的维修作业计划。

(1) 故障现象描述。根据客户故障现象描述及确认故障现象，本次维修作业任务为：MCU 通信丢失。

(2) 故障原因分析。动力电池断开证明车辆无法上高压，有可能与整车自检环节出现故障有关，通过 BDS 检查结果可知，MCU 自检存在问题，可能原因有①MCU 低压供电故障；②MCU 通信故障(结合实训主题，低压供电故障不做讨论)。

2. 请按照故障检测思路，制订维修作业计划。

<table>
<tr><th colspan="3">作　业　流　程</th></tr>
<tr><th>序号</th><th>作业项目</th><th>操作要点</th></tr>
<tr><td>1</td><td>维修作业前检查及车辆防护</td><td>作业前准备及车辆防护</td></tr>
<tr><td>2</td><td>检查电机控制器的 CAN 通信回路</td><td>针脚检查及阻值测量</td></tr>
<tr><td>3</td><td>故障验证</td><td>车辆行驶验证</td></tr>
</table>

Step4. 决策

列出找到检测电机控制器的流程。

_____

_____

_____

_____

_____

Step5. 执行

根据 Step4. 决策所确定的流程完成下列事项(如不涉及可不填)。

1. 安全注意事项：_____

2. 工作方案：_____

(1) 检测电机控制器与地线之间的电压降。

① 首先保证电路闭合；

② 打开万用表，将万用表调至到_____档位；

③ 测量时，电压表_____接入电路；

④ 万用表的红/黑表笔分别与_____和_____连接；

⑤ 万用表的电压测试方法遵循电压档测试规范；

⑥ 启动车辆，此时万用表的测量值就是元件的_____电压；测量出电机控制器电压降为_____V。

(2) 检测 CAN 线电阻值(图 3-16)。

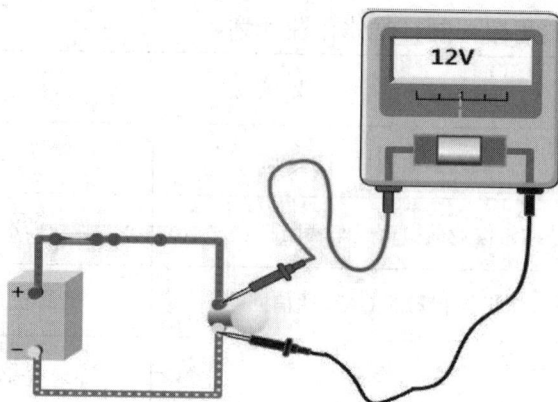

图 3-16   检测 CAN 线的电阻

a. 打开万用表，正确连接红黑表笔到万用表主机，将功能旋钮设置在_____挡；

b. 执行调零：将红黑表笔互相短接，查看显示结果，应为_____Ω 以内；

c. 将红黑表笔分别与_____线两端接触，并保证接触_____；

d. 查看万用表显示屏的读数，为_____Ω，此即为电阻的测量结果；

e. 提示：如果就车测量，则需_____后才能测量电阻。

(3) 诊断仪的使用，以诊断仪读取电机控制器的数据流并清除故障码(图 3-17)。

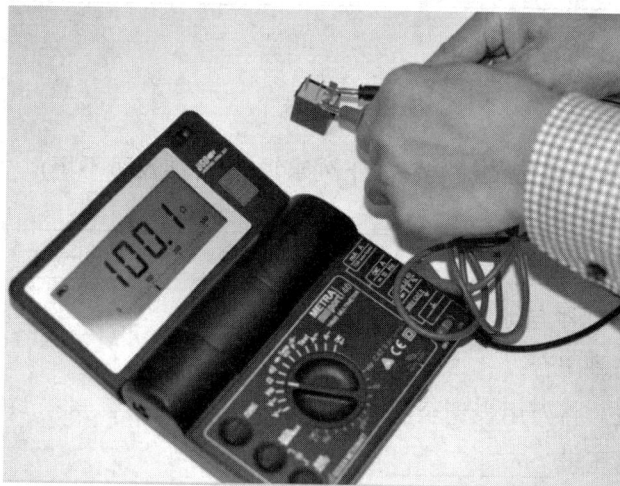

图 3-17   诊断仪使用

a. 查阅维修手册，确认车辆诊断口位置在_____；

b. 诊断仪与车辆连接前，确认电源均处于_____状态；

c. 连接诊断仪后，需要读取电机控制器故障码，诊断仪的操作路径为：

_____

_____

_____

_____

_____

(4) 读取故障码后需查阅维修手册，分析其含义，并提出维修建议，维修完成后清除故障码，诊断仪的操作路径为：

_____

_____

_____

_____

3. 场地、设备及车辆：

_____

_____

_____

_____

4. 在组长的组织下完成执行过程记录，形成展示的海报。

_____

_____

_____

_____

_____

Step6. 检查

1. 检查工具是否全部归位；
2. 检查设备是否全部归位；
3. 检查工作场地是否清洁。

Step7. 评判

自我反思，发现自己的不足，对实操过程进行总结和评价。或者针对实操过程中其他组的同学表现进行评价，评价指标不限于以下内容。

评价内容	评价指标(各项满分10分)	评价结果
工具设备	工具使用规范：有落地扣1分，工具选用错误扣1分，工具摆放凌乱扣1分，工具未清洁扣1分	
流程掌握	流程漏项扣1分，流程错误扣3分，没有流程为0分	
交流互助	由于交流不到位导致工作不畅扣1分，实习过程中没有交流扣1分	
完成速度	第一得10分，第二得8分，第三得7分	
安全意识	在操作中出现安全隐患得0分，车辆保护未到位扣2分	

Step8. 系统化

通过老师对学习成果的总结，对预备知识和后续学习情景之间的联系进行记录，并记录下节课的学习任务。

_____

_____

_____

_____

了解新能源汽车的三电系统(电池、电机、电控)

新能源汽车的三电系统是指动力电池(简称电池)、驱动电机(简称电机)、电机控制器(简称电控),常被称为三大件。三电系统约占新能源车总成本的70%以上,是影响整车运动性能的重要组件,也是衡量一款车是否具有硬核实力的标准。

1. 电池

新能源汽车的电池又称为动力电池,是为电动车辆提供能量的蓄电池,也是新能源汽车区别于传统燃油汽车的标志性部件,作为电动车辆至关重要的系统,直接关乎到续航里程和行车的安全性,现阶段动力电池的成本约占整车的40%。动力电池由多个电池单体、电池管理控制单元(BMU)、电池高压分配单元、CSC信息采集系统、冷却系统等组成。用于接收和存储由充电装置和制动能量装置提供的电能,并通过高压配电系统为驱动电机、电动空调压缩机、PTC加热器等高压用电设备提供电能。

2. 电机

驱动电机属于电动汽车驱动装置里的重要部件,其驱动性能会直接影响到整车性能。

电机由定子、转子、壳体构成,驱动电机的技术关键点在定子、转子,因其承担了与新能源汽车行驶的所有相关功能。电动汽车的电机分正转与反转,正转用于向前行驶,反转用于倒车。

3. 电控

电控部分相当于新能源汽车的神经中枢,类似大脑的控制作用,用于控制整车运行。电控系统在新能源汽车上替代的是传统发动机(变速箱)的功能,其性能可以决定车辆爬坡、最高速度、加速度等重要性能指标。电控系统面临的工况是支持频繁起停、加减速,低速/爬坡时要求高转矩、高速行驶时要求低转矩,需要具有大变速范围。电机电控系统是新能源汽车产业链的重要一环,其技术、制造水平都会直接影响整车的性能和成本。

我国新能源汽车企业在整车制造和相关电池技术上作了长期积累。2009年,我国已开始关注新能源汽车、电池和储能领域发展。2012年我国已将新能源汽车确定为战略性新兴产业。此后,我国以产业关键核心技术和前沿技术研究为重点方向,培育和促进新能源汽车产业发展,最终为新能源汽车制造商降低产品价格、增加产量和提升品牌质量创造了可能,推动了我国新能源汽车走向世界舞台。

思 考 与 练 习

一、单项选择题

1. 以下哪个是驱动电机的双重功能(   )。
A. 驱动与发电   B. 逆变与通讯
C. 驱动与通讯   D. 发电与控制

2. 以下哪个不是驱动电机控制器的功能(   )。
A. 逆变功能   B. 通讯功能
C. 安全功能   D. 发电功能

3. 电机控制器与整车的(   )直接连接，同时与(   )的三相端直接连接。
A. 直流高压端   B. 直流低压端
C. 驱动电机   D. 蓄电池

二、多项选择题

电机控制器将驱动系统的(   )等行驶参数，传递于整车控制器以达到监控的目的。
A. 转速   B. 转矩
C. 转子温度   D. 故障代码

三、问答题

1. 驱动电机控制器的作用是什么?
2. 实车查找驱动电机控制器主要组成部件，并对各部件作用进行简要说明。

项目 4　冷却系统的检测与维修

项目描述

冷却的本质是换热，即将热量堆集处的热量传递到不影响产热机构工作的周边环境中。热量传递的方式有三种：热传导、热对流、热辐射。传统汽车冷却系统散热的方式为热传导，而电动汽车驱动电动机与控制器的冷却系统主要依靠冷却水泵带动冷却液在冷却管道中循环流动，通过在散热器中的热交换等物理过程，冷却液带走电动机与控制器产生的热量。本项目主要学习整车冷却系统的结构、工作原理以及散热器的结构。本项目包含以下两个工作任务：

任务 4.1　更换水泵总成；

任务 4.2　更换散热器总成。

学生通过完成以上两个工作任务，应能够识别冷却系统的结构与散热器的结构，更换水泵总成与散热器总成。

任务 4.1　更换水泵总成

任务目标

知识目标	技能目标	素养目标
熟悉冷却系统的结构	能在整车上指出冷却系统的各结构名称	培养爱岗敬业的价值观，弘扬专业自信、实践创新的工匠精神
冷却系统工作原理	能描述冷却系统工作原理	

4.1.1　冷却系统的结构

电动汽车冷却系统的作用是将驱动电机、驱动电机控制器等总成部件产生的热量及时散发出去，保证其在要求的温度范围内稳定、高效地工作。电动汽车冷却系统主要由水泵总成、膨胀水箱、散热器、冷却管道、散热风扇、冷却液、驱动电机及其控制器内部冷却管道等组成。

以下介绍水泵总成、膨胀水箱、散热器、散热风扇和冷却液等主要组成部分。

1. 水泵总成

电动汽车冷却系统中水泵的作用是通过对冷却液加压，保证冷却液能够在冷却管路中进行循环流动，从而吸收流经部件的热量，达到降温的目的。传统燃油汽车发动机通过传动皮带驱动水泵带轮运转使水泵工作，而电动汽车采用电动水泵，由低压蓄电池提供的电力进行驱动。水泵总成一般位于整个冷却系统较低的位置。

2. 膨胀水箱

膨胀水箱也称副水箱，位于前舱内，如图 4-1 所示。通常膨胀水箱主要用来储存因温度升高而膨胀的冷却液。膨胀水箱位置高于冷却系统的所有部件。膨胀水箱侧边一般有 MAX(液位上限)和 MIN(液位下限)两个刻度，可以用于检查冷却液的液位。在冷却系统冷却液不足时，膨胀水箱还可以用来补充冷却液，因此膨胀水箱也称补液罐。

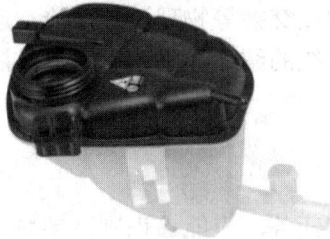

图 4-1　膨胀水箱实物图

3. 散热器

散热器按结构类型可分为管片式散热器和管带式散热器。管片式散热器芯部由许多细的冷却管和散热片组成。冷却管大多采用扁圆形截面，以减小空气阻力，增加传热面积。管带式散热器由波纹状散热带和冷却管相间排列经焊接而成。散热器总成实物如图4-2 所示。

图 4-2　散热器总成实物

散热器芯部应具有足够的流通面积让冷却液通过，同时也应具备足够的空气流通面积让足量的空气通过，以带走冷却液传给散热器的热量，同时还必须具有足够的散热面积，来完成冷却液、空气和散热片之间的热量交换。

冷却系统工作时，散热器芯外流过的空气对流经散热器芯内的冷却液进行冷却。散热器盖会在散热器因冷却液的膨胀增大到一定压力时开启，使多余的冷却液流到膨胀水箱，待温度降低后，冷却液回流入散热器。

4. 散热风扇

散热风扇位于散热器后面，其实物如图 4-3 所示。它的作用是提高流经散热器空气的流速和流量，以增强散热器的散热能力。目前散热风扇常采用两挡调速(高速和低速)风扇。根据驱动电机、驱动电机控制器等运行状况的参数由整车控制器控制风扇的挡位和转速。

图 4-3   散热风扇实物

5. 冷却液

冷却液，又称防冻液，起防冻、防沸、防锈、防腐蚀等效果，能够保证驱动电机等需冷却的部件处于正常工作温度。冷却液主要由水、防冻剂、添加剂三部分组成。一般来说冷却液有三种颜色，一般乙二醇是绿色，丙二醇是红色，二甘醇是蓝色。大多数冷却液的颜色为红色或绿色。添加冷却液时，不允许将不同型号的混用。

4.1.2   冷却系统工作原理

下面以北汽电动汽车 EX360 的冷却系统为例来说明。

水泵由水泵继电器通过 VCU 的相关端子进行控制。蓄电池的常供电即正电经水泵熔丝通入水泵继电器，当 VCU 控制水泵继电器的控制线路工作时，水泵继电器开关闭合，正电通过水泵继电器进入水泵电机后经车身搭铁(蓄电池负极)，水泵工作。

高速风扇运转由风扇继电器 1(高速)通过 VCU 的相关端子进行控制，低速风扇运转由风扇继电器 2(低速)通过 VCU 的相关端子进行控制。蓄电池的常正电分别经高速风扇熔丝和低速风扇熔丝通入风扇继电器 1 和风扇继电器 2。当 VCU 控制风扇继电器 1 的控制线路工作时，继电器 1 开关闭合，正电通过风扇继电器 1 进入风扇电机后经车身搭铁(负极)，高速风扇开始工作。

冷却系统由两个体系构成：冷却水回路和冷却风流道。冷却水在流经 MCU、充电机(水冷式)和电机等热源时，热源将热量传递给冷却液，高温冷却液通过电动水泵提供的动力流经散热器时将热量传递给散热器芯体，冷却空气通过热对流将热量带走，完成换热过程。

整车控制器控制水泵及风扇的启、停，通过采集驱动电机、驱动电机控制器、车载充电机等需冷却部件的温度信号，分析判断后控制水泵和风扇的开启状态，并根据冷却快慢需求选择风扇的高速或低速运转状态。

4.1.3　任务实施

实训题目	更换水泵总成			
工具				
班级		时间		地点	
内　容				

Step1. 导学

1. 客户今早由于临时紧急业务需驱车快速往返于 60 km 外的县城。在返回途中，整车故障灯闪烁，有警报声，仪表有 Err：20 的故障码呈现。重新启动后，挂挡无法启动车辆，整车故障灯闪烁，有警报声。初步判断为需要更换水泵总成，你能完成这个任务吗？

2. 老师带领学生一起分析完成用户委托所需具备的能力：

_____

_____

_____

_____

_____

请在规定的时间内(360 min)合理使用老师提供的资源完成用户委托。

Step2. 信息

1. 作业前准备。

(1) 保证规范的着装；

(2) 在车辆周围应当拉设_____；

(3) 为了防止车辆着火，发生火灾，应当在作业前检查_____

_____；

(4) 在车辆前方需要放置_____；

(5) 为了保证我们的安全，在工作前我们要穿戴好_____

_____。

2. 检查所需要用到的检修工具。

(1) 作业所需要用到的设备有：

a. 常规防护装备(工作服、绝缘劳保鞋、护目镜、绝缘头盔、绝缘手套);

b. 万用表、诊断仪、台架等;

c. 新能源汽车维修组合工具;

d. 高压电维修警示牌、绝缘地胶、二氧化碳型灭火器。

(2) 在作业前需要检查维修手册、电路图是否完备;

(3) 在作业前要测量绝缘地垫的绝缘电阻,测量的标准值应当是大于 20 MΩ。

3. 基本知识。

冷却系统由＿＿＿＿＿＿、＿＿＿＿＿＿组成。冷却液在流经＿＿＿＿＿＿、＿＿＿＿＿＿等热源时,热源通过热传导将热量传递给＿＿＿＿＿＿,高温冷却液通过电动水泵提供的动力流经＿＿＿＿＿＿时,将热量通过热传导传递给散热器芯体,冷却空气通过热对流将热量带走,完成换热过程。冷却系＿＿＿＿＿＿与＿＿＿＿＿＿由整车 VCU 控制,散热器风扇同时给冷凝器、散热器提供强制冷却风,故散热器风扇运行策略受空调压力与整车热源温度双向控制,两者择高不择低。

Step3. 规划

接受并解析委托书,讨论如何达到消除 Err: 20 的故障码的目的。

1. 根据车辆实际的故障现象,制订针对该故障现象的维修作业计划。

(1) 优先排查是否缺冷却液,若缺冷却液,则及时补冷却液。

(2) 优先排查风扇、水泵及其驱动电路故障。

(3) 若不缺冷却液,排查冷却管路是否存在堵塞和漏水,若冷却管路存在堵塞和漏水,则进行排查解决。

2. 按照故障检测思路,制订维修作业计划。

作 业 流 程		
序号	作业项目	操作要点
1	维修作业前检查及车辆防护	作业前准备及车辆防护
2	冷却系统连接处状态检查	连接处渗漏及牢固检查
3	冷却风扇供电回路检查	保险丝及继电器检查
4	水泵供电回路检查	保险丝及继电器检查
5	冷却系统疏通功能检查	高压气枪疏通检查
6	故障验证	试车验证

Step4. 决策

列出找到 Err：20 的故障码原因的流程。

_____

_____

_____

_____

_____

Step5. 执行

根据 Step4. 决策所确定的流程完成下列事项(如不涉及可不填)。

1. 安全注意事项：_____

2. 工作方案：_____

_____

_____

_____

_____

3. 场地、设备及车辆：

_____

_____

_____

_____

4. 在组长的组织下完成执行过程记录，形成展示的海报。

_____

_____

_____

_____

Step6. 检查

1. 检查工具是否全部归位；
2. 检查设备是否全部归位；
3. 检查工作场地是否清洁。

Step7. 评判

自我反思，发现自己的不足，对实操过程进行总结和评价。或者针对实操过程中其他组的同学表现进行评价，评价指标不限于以下内容。

评价内容	评价指标(各项满分 10 分)	评价结果
工具设备	工具使用规范：有落地扣 1 分，工具选用错误扣 1 分，工具摆放凌乱扣 1 分，工具未清洁扣 1 分	
流程掌握	流程漏项扣 1 分，流程错误扣 3 分，没有流程为 0 分	
交流互助	由于交流不到位导致工作不畅扣 1 分，实习过程中没有交流扣 1 分	
完成速度	第一得 10 分，第二得 8 分，第三得 7 分	
安全意识	在操作中出现安全隐患得 0 分，车辆保护未到位扣 2 分	

Step8. 系统化

通过老师对学习成果的总结，对预备知识和后续学习情景之间的联系进行记录，并记录下节课的学习任务。

_____

_____

_____

_____

_____

任务 4.2 更换散热器总成

任务目标

知识目标	技能目标	素养目标
熟悉散热器的结构	能在整车上指出散热器的结构	具有良好的沟通表达能力，懂得较好的社交礼仪

4.2.1 散热器的结构

散热器又称为水箱，由上水室、散热器芯和下水室等组成，如图 4-4 所示。散热器一般安装在汽车头部的车架横梁上，其作用是将冷却液在水套中所吸收的热量散发至外界大气，使水温下降。

因电机水温一般控制在 90℃以下，低于冷却液沸点，故电动车散热器一般不设置散热器盖。

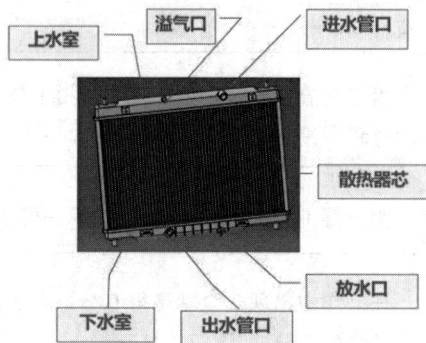

图 4-4 散热器的结构

1. 常用散热器芯的分类

(1) 直(纵)流式。直流式散热器芯的冷却液从上进口流入，再从下出水口流出，水侧阻力小。

(2) 横流式。横流式散热器芯的冷却液从左或右进口流入，右、左或单向出口流出，水侧阻力大。

2. 常用散热器芯的结构型式

(1) 管片式。管片式散热器由若干扁形或圆形冷却管组成，空气吹过扁形冷却管和散热片，使管内流动的水得到冷却。管片式散热器因结构刚度较好广为汽车所使用。

(2) 管带式。管带式散热器由若干扁平冷却管组成，水管与散热器相间排列，在散热器带上常开有形似百叶窗的孔，以破坏气流在散热器表面上的附面层，提高散热能力。

4.2.2　任务实施

实训题目	更换散热器总成			
工具				
班级		时间	地点	
内　　容				

Step1. 导学

1. 客户今早由于临时紧急业务处理，驱车快速往返于 60 km 外的县城。在返回途中，整车故障灯闪烁，有警报声，仪表有 Err：20 的故障码呈现。重新启动后，挂挡无法启动车辆，整车故障灯闪烁，有警报声。初步判断为散热器处冷却液泄露，你能完成这个任务吗？

2. 老师带领学生一起分析完成用户委托所需具备的能力：

_____

_____

_____

_____

请在规定的时间内(360 min)合理使用老师提供的资源完成用户委托。

Step2. 信息

1. 作业前准备。

(1) 首先保证规范的着装；

(2) 在车辆周围应当拉设_____；

(3) 为了防止车辆着火，发生火灾，应当在作业前检查_____

_____；

(4) 在车辆前方需要放置_____；

(5) 为了保证我们的安全，在工作前我们要穿戴好_____

_____。

2. 检查所需要用到的检修工具。

(1) 作业所需要用到的设备有：

a. 常规防护装备(工作服、绝缘劳保鞋、护目镜、绝缘头盔、绝缘手套)；

b. 万用表、诊断仪、台架等；

c. 新能源汽车维修组合工具；

d. 高压电维修警示牌、绝缘地胶、二氧化碳型灭火器。

(2) 在作业前需要检查维修手册、电路图是否完备；

(3) 在作业前要测量绝缘地垫的绝缘电阻，测量的标准值应当是大于 20 MΩ。

3. 基本知识。

(1) 电机控制器内部设有温度采集模块，采集＿＿＿＿＿＿＿＿＿和＿＿＿＿＿＿＿＿。

(2) 驱动电机的温度传感器检查电机的＿＿＿＿＿＿＿＿、电阻类型为＿＿＿＿＿＿＿＿，阻值随温度的上升而＿＿＿＿＿＿。

(3) 电机过温常见的故障原因为：＿＿＿＿＿＿＿＿、＿＿＿＿＿＿＿＿、＿＿＿＿＿＿＿＿。

Step3. 规划

接受并解析委托书，讨论如何达到消除 Err：20 的故障码的目的。

1. 根据车辆实际的故障现象，制订针对该故障现象的维修作业计划。

(1) 优先排查是否缺冷却液，若缺冷却液，则及时补冷却液。

(2) 优先排查风扇、水泵及其驱动电路故障。

(3) 若不缺冷却液，排查冷却管路是否存在堵塞和漏水，若冷却管路存在堵塞和漏水，则进行排查解决。

2. 按照故障检测思路，制订维修作业计划。

作 业 流 程		
序号	作业项目	操作要点
1	维修作业前检查及车辆防护	作业前准备及车辆防护
2	冷却系统连接处状态检查	连接处渗漏及牢固检查
3	冷却风扇供电回路检查	保险丝及继电器检查
4	水泵供电回路检查	保险丝及继电器检查
5	冷却系统疏通功能检查	高压气枪疏通检查
6	故障验证	试车验证

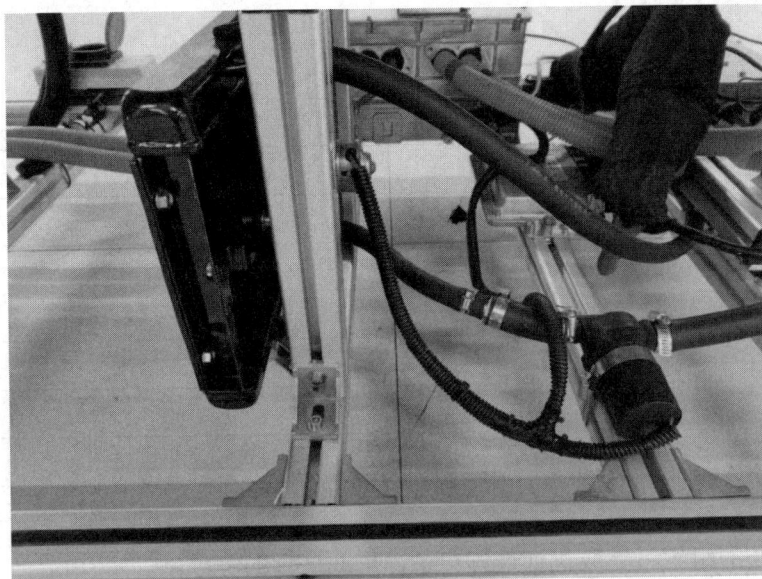

散热器位置

Step4. 决策

列出找到 Err：20 的故障码原因的流程。

_____

_____

_____

_____

_____

Step5. 执行

根据 Step4. 决策所确定的流程完成下列事项(如不涉及可不填)。

1. 安全注意事项：_____

2. 工作方案：_____

_____

_____

_____

_____

3. 场地、设备及车辆：

_____

_____

_____

_____

_____

_____

_____

4. 在组长的组织下完成执行过程记录，形成展示的海报。

_____

_____

_____

_____

_____

_____

_____

_____

Step6. 检查

1. 检查工具是否全部归位；
2. 检查设备是否全部归位；
3. 检查工作场地是否清洁。

Step7. 评判

自我反思，发现自己的不足，对实操过程进行总结和评价。或者针对实操过程中其他组的同学表现进行评价，评价指标不限于以下内容。

评价内容	评价指标(各项满分 10 分)	评价结果
工具设备	工具使用规范：有落地扣 1 分，工具选用错误扣 1 分，工具摆放凌乱扣 1 分，工具未清洁扣 1 分	
流程掌握	流程漏项扣 1 分，流程错误扣 3 分，没有流程为 0 分	
交流互助	由于交流不到位导致工作不畅扣 1 分，实习过程中没有交流扣 1 分	
完成速度	第一得 10 分，第二得 8 分，第三得 7 分	
安全意识	在操作中出现安全隐患得 0 分，车辆保护未到位扣 2 分	

Step8. 系统化

通过老师对学习成果的总结，对预备知识和后续学习情景之间的联系进行记录，并记录下节课的学习任务。

_____

_____

_____

_____

_____

_____

_____

_____

_____

拓展阅读

了解新能源汽车冷却系统

冷却系统是汽车动力总成的重要组成部分，负责对燃油机或驱动电机和驱动电机控制器等热源进行温度调控，保证其在合适的温度范围内工作。冷却系统对汽车的动力性、经济性和可靠性有重大影响。1910年以后的汽车普遍采用燃油发动机，包括少部分石油气或天然气发动机，而传统内燃机车辆大多数采用水冷冷却系统。

内燃机汽车水冷冷却系统通常包括冷却发动机水套、散热器、水泵、风扇、护风罩、节温器和副水箱等零部件，并以冷却液作为整个系统的工作介质。基于工程热物理的基本原理，在应用现代热管理理论和工具进行研究和分析时，也可对冷却、增压中冷和空调等系统进行统一处理。

新能源汽车中的新燃料(如天然气、石油气)车的冷却系统与传统车无任何差别，但随着电动汽车的出现，由于电池、电机、电机控制器、充电器等功率器件都需要冷却，使电动汽车的冷却系统变得更加复杂。

电驱动冷却系统一般与传统车类似，因电机、电控及充电器等功率器件工作温度上限值高于环境温度，故可以直接将热量散发到周边大气中。电驱动冷却系统一般包括电机或电控水套、充电器水套、散热器、电子水泵、电子风扇和膨胀水箱等零部件，并以冷却液作为整个系统的工作介质。

电池冷却系统是电动车较传统车新增的，因温度对电池性能影响很大，故对电池进行热管理非常重要。目前市场上电池冷却方式一般有4种：水冷系统(Tesla)、风冷系统(起亚Soul)、直冷系统(BMWi3)及相变冷却(新材料)系统。由于电动汽车续航里程越来越长，单车电池总电量也在逐渐攀升，出于对安全性及经济性的考虑，采用水冷系统的车型也越来越多。

新能源汽车冷却系统的维护与保养方法如下：

1. 检查冷却液液面

检查冷却液液面，若低于标准刻度，及时加注冷却液。

2. 检查冷却系统是否渗漏

目视检查冷却系统管路及各零部件接口处有无泄漏情况。冷却液按规定需要配成醒目的颜色，确保泄漏时能目视发现。

3. 检查部件温度

启动车辆，使用红外线测温仪检查散热器、驱动电机、电机控制器、车载充电机、动力电池等部件温度是否正常。

4. 检查电动水泵

在车辆启动的情况下，检查电动水泵有无泄漏，是否存在异响；检查电动水泵的线束是否有老化、破损等情况；检查电动水泵是否能正常工作。

电动水泵是冷却液循环的动力源，确保电动水泵能正常工作十分重要。

5. 清洁散热器

清洗散热器散热翅片是良好传热效果所必需的。当散热器和空调散热翅片出现碎屑堆积时要及时进行清洗，在散热器后部(电机侧)使用压缩空气吹走散热器或空调散热翅片的碎屑。

6. 排放冷却液

(1) 关闭所有用电器及点火开关，拔出点火钥匙。

(2) 旋出低温膨胀水箱盖。

(3) 拆下发动机下护板。

(4) 将用于收集冷却液的容器放置在车辆底部。

(5) 旋出散热器橡胶塞，将冷却液软管中的冷却液排出。

7. 加注冷却液

(1) 安装散热器橡胶塞，并拧紧。

(2) 按规范添加冷却液。

(3) 打开点火开关，连接车辆诊断仪，选择"启动 HEV 电动水泵"，将系统内的空气排出。

(4) 再次检查冷却液液位是否到膨胀水箱的上部标记"MAX"处，必要时添加冷却液。

(5) 当冷却液加注至加注口位置时，启动电动水泵，待电动水泵运行 2～3 min 后再补充冷却液，重复以上操作，达到冷却液加注标准即可。

温馨提示：

① 冷却液不能重复、混合使用，也不能更换不同颜色的冷却液。

② 只能使用厂家认可的、符合国家标准的冷却液。

③ 冷却液可以防止结冰、腐蚀损坏和结垢，此外还能提高沸点，因此冷却液必须按标准加注。

④ 禁止使用磷酸盐和硝酸盐作为防腐剂的冷却液。

⑤ 在热带气候的南方，必须使用高沸点的冷却液。

⑥ 在寒冷的北方，必须保证冷却液防冻温度低至约 −25℃(有的地方低至约 −35℃)。

⑦ 冷却液回收必须按照国家相关规定进行处理。

思 考 与 练 习

一、多项选择题

1. 冷却液(又称防冻液)起到(   )等效果,能够保证驱动电机等需冷却的部件处于正常工作温度。

A. 防冻　　　　　　　　　　　B. 防沸

C. 防锈　　　　　　　　　　　D. 防腐蚀

2. 冷却液主要由(   )三部分组成。

A. 水　　　　　　　　　　　　B. 防冻剂

C. 添加剂　　　　　　　　　　D. 润滑油

二、简答题

1. 电动汽车冷却系统常见的故障有哪些?

2. 简述电动汽车冷却系统的结构及工作原理。

项目 5　混合动力汽车驱动系统及其检修

项目描述

混合动力汽车驱动系统是指将传统内燃机与电动机、电池等部件相结合，通过不同的动力组合方式实现车辆驱动的系统。根据动力组合方式的不同，混合动力汽车驱动系统可分为串联式、并联式和混联式三种，本项目主要学习这三种形式的混合动力汽车驱动系统。

任务 5.1　混合动力汽车 DC/DC 低压侧电压过高的故障检修

任务目标

知识目标	技能目标	素养目标
认识混合动力汽车的类型	能够分辨混合动力汽车所属的类型	培养职业规范意识，严格遵守设备操作规程，养成严谨的工作态度
了解混合动力汽车的功率转换器	能够说出混合动力汽车的各种功率转换器的名称及作用	
掌握混合动力汽车的功率转换器的检修方法	能够对混合动力汽车的各种功率转换器进行有效测量或检修	

5.1.1　混合动力汽车的分类

1. 串联式混合动力汽车

串联式混合动力汽车由发动机驱动发电机发电，即电能通过控制器输送到电动机，由电动机驱动汽车行驶。这种方式下，发动机不直接参与驱动车轮，而是通过发电机发电为电动机提供动力。

内燃机直接驱动发电机发电，产生的电能通过控制单元传到电池中储存，再由电池将电能传输给电动机，电动机将电能转化为机械能，最终通过变速机构驱动汽车。电池在这一过程中起到了类似于"水库"的作用，负责储存电能并将其按需传输给电动机。发动机启动后持续工作在高效转速区，通过发电机为电池充电，并由电动机驱动汽车。串联式混合动力汽车能量传递路线示意图见图5-1。

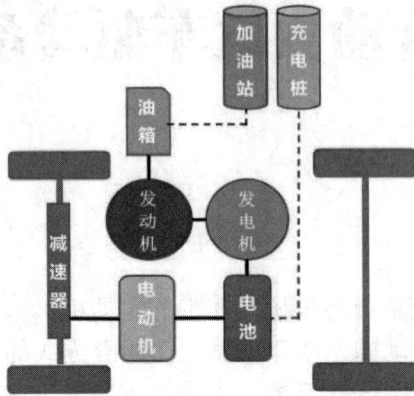

图 5-1   串联式混合动力汽车能量传递路线

优点：串联式混合动力系统的结构相对简单，控制策略的优化也相对容易。由于需要进行两次能量转换(机械能到电能，再到机械能)，整体效率相对较低。但由于取消了普通汽车的变速箱，结构布置更加灵活，发动机总是工作在高效转速区，因此在中低速行驶时，串联结构的混合动力汽车比普通汽车油耗更低，大约可以节油 30% 左右。

缺点：高速行驶油耗偏高，发动机动能需要经过二次转换才能为电动机供电，会造成较大的能量损失，使得高速行驶时油耗偏高。

综上所述，串联式混合动力系统以其独特的结构和工作原理，在客车等大型车辆领域得到了广泛应用。虽然存在高速行驶油耗偏高和系统效率较低等缺点，但在中低速行驶时油耗更低且驾驶模式单一方便用户使用的优势下，仍然具有一定的市场竞争力。

2. 并联式混合动力汽车

并联式混合动力汽车是新能源汽车的一种重要类型，它结合了传统内燃机汽车与纯电动汽车的优点，通过先进控制技术将内燃发动机与电动机通过机械联接接入驱动系统，发动机和电动机都可以独立驱动车轮，也可以同时工作驱动车轮。并联式混合动力汽车能量传递路线示意图见图5-2。

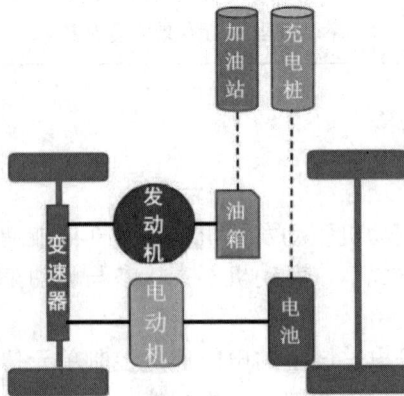

图 5-2   并联式混合动力汽车能量传递路线

优点：在启动、低速和加速等情况下，电动机可以提供高扭矩，辅助发动机工作，降低油耗；而在高速行驶时，燃油发动机则更加高效，成为主要的动力源；在电动机的辅助下，内燃发动机的油耗得到有效降低，从而提高了整车的燃油经济性。

缺点：由于涉及两个独立的动力系统，并联式混合动力汽车的控制系统和能量管理系统较为复杂；发动机和电机之间需要通过机械装置连接，增加了车辆布置的难度；发动机的工作状况受汽车行驶工况的影响较大，因此并联式混合动力汽车在某些复杂工况下的表现可能不如其他类型的混合动力汽车。

综上所述，并联式混合动力汽车作为一种结合了传统内燃机汽车与纯电动汽车优点的新能源汽车类型，具有动力性能强、节能效果显著等优点；但同时也存在系统复杂性较高、布置难度增加等缺点；未来，随着技术的不断进步和市场需求的增加，并联式混合动力汽车有望在新能源汽车市场中占据更加重要的地位。

3. 混联式混合动力汽车

混联式混合动力汽车，结合了串联式和并联式的特点，能够更灵活地根据车辆的实际行驶状态调整动力输出，实现更高效的能源利用。

混联式混合动力汽车具备机械变速机构的两套驱动系统，其中一套是内燃机系统，另一套是电机驱动系统。这两套驱动系统的动力通常由行星齿轮耦合在一起，共同调节电动机和发动机的扭矩以及直接转速关系，以实现综合性能的优化。混联式混合动力汽车能量传递路线示意图见图 5-3。

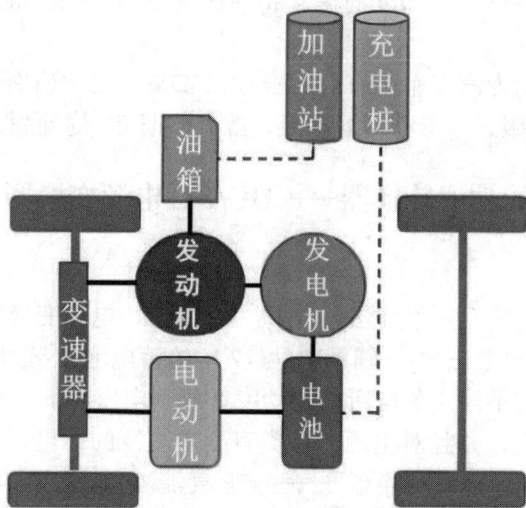

图 5-3　混联式混合动力汽车能量传递路线

混联式混合动力驱动汽车具备 4 种以上的工作模式。

(1) **动力电池组驱动模式**。在汽车发动、倒车、低速行驶时，发动机处于关闭状态，汽车的所有动力由蓄电池组提供，电能驱动电机转换为机械能来驱动汽车。

(2) **发动机驱动模式**。在汽车高速行驶时，电动机处于关闭状态，汽车的驱动功率完全由发动机提供，此时电池既不充电也不放电。

(3) **混合驱动模式**。在车辆爬坡或急加速行驶时，发动机和动力电池同时提供驱动功率，发动机通过机械系统驱动汽车行驶，而动力电池则提供电能给驱动电机，两者共同驱动汽车。

(4) **再生制动模式**。在车辆减速制动时，发动机停止工作，电动机转变为发电机模式，将汽车损失的动能转换为电能并存储在动力电池中。

优点：混联式混合动力汽车能够根据不同的行驶工况灵活调整动力输出，既保证了低速时的动力性，又能在高速行驶时保持高效性。通过电动机的辅助作用，发动机在更高效的工况下工作，从而降低了油耗。同时由于发动机在更优化的工况下工作，因此尾气排放更低，有助于减少环境污染。混联式混合动力汽车采用了先进的控制系统和能量管理系统，实现了对发动机和电动机的精确控制。

缺点：由于混联式混合动力汽车采用了更为复杂的控制系统和能量管理系统，因此其制造成本相对较高。由于存在两个动力源和复杂的控制系统，混联式混合动力汽车的维护难度相对较大。

随着全球对环境保护和可持续发展的日益关注，混合动力汽车作为新能源汽车的一种重要形式，正逐渐受到市场的青睐。混联式混合动力汽车作为混合动力汽车中的佼佼者，其市场前景广阔。未来，随着技术的不断进步和成本的降低，混联式混合动力汽车有望在新能源汽车市场中占据更加重要的地位。

同时，随着全球对环保和节能要求的不断提高，各国政府也纷纷出台相关政策支持新能源汽车的发展。这些政策的实施将进一步推动混联式混合动力汽车市场的快速增长。此外，随着消费者对新能源汽车认知度的提高和环保意识的增强，混联式混合动力汽车的市场需求也将进一步增加。

常见的混联式混合动力汽车车型有：比亚迪汉 DM、比亚迪秦 Pro EV、广汽传祺 E9 PHEV、丰田凯美瑞混动版、本田雅阁混动版、雷克萨斯 ES 混动版、本田 CR-V 混动版等。

5.1.2 混合动力汽车的功率转换器——DC/DC 电源变换器

1. 概述

混合动力汽车的电力驱动系统主要有电机、逆变器、电源变换装置 DC/DC、动力电源(有降压型、升压型和双向型三种)、辅助电池(12 V 的蓄电池)、动力电源 ECU 和 HV ECU 等。由于各个器件作用的不同，各自所需的功率等级、电压高低、电流大小、安全可靠性、电磁兼容性等指标也不同，并且对电源的种类有要求直流的，也有要求交流的。HEV 电子设备的这些要求主要通过功率变换器——交流/直流变换器 AC/DC、直流/直流变换器 DC/DC、直流/交流变换器(逆变器)DC/AC 等完成，这些功率变换器通常由一系列的电力电子器件组成，因此 HEV 已成为电力电子器件的重要应用领域之一。

电动汽车的 DC/DC 变换器的主要功能是给车灯、ECU(Electric Control Unit)、小型电器等车辆附属设备供给电力和向辅助电源充电，其作用与传统汽车的交流发电机相似。

油电混合动力汽车对 DC/DC 变换器的要求主要有以下几点：

(1) 尽可能高的转换效率，至少 50%以上。

(2) 具有输出、输入端的隔离效果。

(3) 具有短路保护功能和过电压保护功能。

2. DC/DC 功率变换模块稳压精度的检测方法

由于混合动力电动汽车 DC/DC 的输入电压在工作过程中会不断变化，因此，其输出电压和电流的波动大小就成为衡量其工作稳定性的一个重要指标。DC/DC 的稳压精度 δ_u 就是衡量其输出电压稳定性的一个重要指标。δ_u 通常可由图 5-4 所示的电路测量得到，测量 δ_u 时使用的仪表主要有直流可变电源、直流电压表、直流电流表、可变负载等。

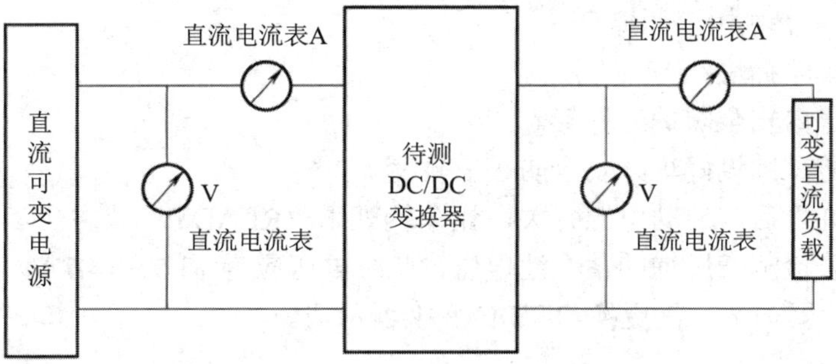

图 5-4　DC/DC 变换器性能测试图

测量步骤：

(1) 用直流可变电源向 DC/DC 变换设备先后输入额定直流电压、允许的最小电压和允许变化的最大电压。

(2) 调整可变直流负载使前述的三个不同输入电压下的可变直流负载的电流依次为额定值的 0%、50% 和 100%，把各个条件下的输出电压值分别记入表 5-1 中。

(3) 最后根据变换效率计算公式，计算各工况下的变换效率。

DC/DC 的变换效率公式：

$$\eta = \frac{I_o \times U_o}{I_i \times U_i} \times 100\% \tag{5-1}$$

式中：U_o——输出电压(V)；

I_o——输出电流(A)；

U_i——输入电压(V)；

I_i——输入电流(A)。

表 5-1　不同工况的输入输出端的电压电流值及变换效率

	输入电压值	输入电流值	输出电压值			输出电流值			DC/DC 变换效率		
			空载	50%额定负载	100%额定负载	空载	50%额定负载	100%额定负载	空载	50%额定负载	100%额定负载
允许的最小值输入电压											
额定输入电压值											
允许最大值输入电压											

3. 混合动力电动汽车 DC/DC 变换器的检测

1) 准备工作

混合动力电动汽车车辆、数字式万用表、车外安全防护三件套、车内安全防护三件套、车轮挡块。

2) 检测步骤

(1) 停放好混合动力电动汽车。

(2) 安装好车轮挡块。

(3) 铺设好车内安全防护三件套。

(4) 打开前舱，铺设好车外安全防护三件套。

(5) 经过允许之后，启动电源开关，让车辆处于"READY"状态。

(6) 用万用表检测低压辅助蓄电池电压，此时电压应为 13.5～14.7 V。如果低于 13.5 V 说明 DC/DC 变换器损坏，需更换 DC/DC 变换器总成。

5.1.3　混合动力汽车的功率转换器——DC/AC 电压变换器分析

1. 概述

DC/AC 电压变换器又叫逆变器，它是一种将直流电转变为交流电的电力电子器件，混合动力汽车的 DC/AC 功用是将直流电变换为交流电，从而给交流驱动电机和单相交流用电器设备供电。

2. DC/AC 功率变换器性能参数的测量方法

1) DC/AC 功率变换器的变换效率测量电路

测量额定输出效率需使用的仪表主要有直流电压表、直流电流表、电力谐波分析仪、直流电源、交流负载等。试验电路如图 5-5 所示。

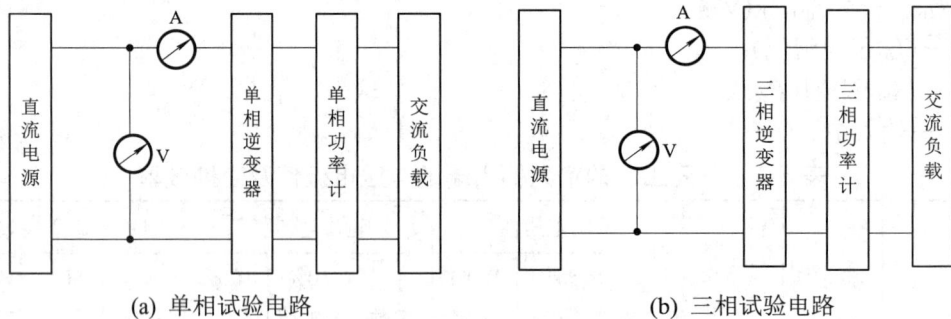

(a) 单相试验电路　　　　　(b) 三相试验电路

图 5-5　逆变器效率测试图

2) 测量步骤

(1) 将逆变器的输入直流电压、输出交流电压和电流均调整为额定值。

(2) 从测试仪表上读出输入直流电压和电流，输出有功功率值，根据公式(5-2)计算出效率 η

$$\eta = \frac{P}{IU} \times 100\% \tag{5-2}$$

式中：P——输出有功功率(W)；

　　U——输入直流电压(V)；

　　I——输入直流电流(I)。

5.1.4　混合动力汽车的功率转换器——AC/DC 功率变换器分析

1. 概述

AC/DC 功率变换器也称整流器，其功用是将交流电能转换为直流电能，如将 220 V 或 110 V 的交流电压等转换成电子设备所需要的稳定直流电压等。电动汽车中 AC/DC 的功能主要是将交流发电机发出的交流电转换成直流电提供给用电器或电能储能设备储存。

2. AC/DC 功率变换器电路的主要组成及工作原理

AC/DC 功率变换模块电路的一般原理如图 5-6 所示，图 5-6 中 U_{ref} 为参考电压，U_o 为 AC/DC 的输出电压，PWM 为脉冲宽度调制式开关变换器。AC/DC 功率变换模块由输入滤波电路、全波整流和滤波电路、DC/DC 变换电路、过电压和过电流保护电路、控制电路和输出整流电路组成。整流电路的作用是将交流电压变为直流脉动电压，输入滤波电路的作用是使整流后的电压更加平滑，并将电网中的杂波滤除以免对模块产生干扰，同时，输入滤波器也阻止模块自身产生的干扰影响。DC/DC 变换电路和控制电路是模块的关键环节，由它实现直流电压的转换和稳压，为了得到稳定的输出电压 U_o，图 5-6 所示电路采用了实时反馈控制方式。保护电路的作用是在模块输入电压或电流过大的情况下使模块关断，从而起到保护功率变换器的作用。

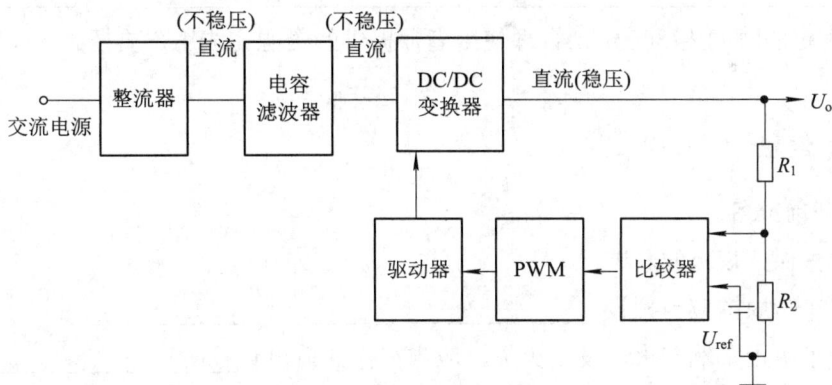

图 5-6　AC/DC 功率变换器电路原理

3. AC/DC 功率变换器整流电压的检测

(1) 工量具设备准备。

混合动力电动汽车整车、诊断仪、举升机。

(2) 将车辆举升，车辆离地。

(3) 连接诊断仪，启动车辆。

(4) 踩油门踏板，将驱动轮高速运转。

(5) 然后迅速松开油门踏板，轻踩制动踏板，用诊断仪读取能量回收时候的整流电压。

5.1.5　任务实施

实训题目	检修混合动力汽车 DC/DC				
工具					
班级		时间		地点	

内　容

Step1.　导学

1. 客户今早由于临时紧急业务需驱车快速往返于 60 km 外的县城，车型为比亚迪秦插电混动版。在返回途中，车辆的蓄电池故障灯亮起，显示 P1EC200 故障码，同时伴随着车辆动力被限制输出的情况。初步判断为 DC/DC 模块故障，你能完成这个任务吗？

2. 老师带领学生一起分析完成用户委托所需具备的能力：

_____

_____

_____

_____

请在规定的时间内(360 min)合理使用老师提供的资源完成用户委托。

Step2.　信息

1. 作业前准备。

(1) 首先保证规范的着装；

(2) 在车辆周围应当拉设_____；

(3) 为了防止车辆着火，发生火灾，应当在作业前检查_____
_____；

(4) 在车辆前方需要放置_____；

(5) 为了保证我们的安全，在工作前我们要穿戴好_____
_____。

2. 检查所需要用到的检修工具。

(1) 作业所需要用到的设备有：

a. 常规防护装备(工作服、绝缘劳保鞋、护目镜、绝缘头盔、绝缘手套)；

b. 万用表、诊断仪、台架等；

c. 新能源汽车维修组合工具；

d. 高压电维修警示牌、绝缘地胶、二氧化碳型灭火器。

(2) 在作业前需要检查维修手册、电路图是否完备；

(3) 在作业前要测量绝缘地垫的绝缘电阻，测量的标准值应当是大于 20 MΩ。

3. 基本知识。

(1) 电动汽车的_____的主要功能是给车灯、ECU(Electric Control Unit)、小型电器等车辆附属设备供给电力和向辅助电源充电，其作用与传统汽车的_____相似。

(2) 油电混合动力汽车的 DC/DC 变换器的要求具有输出、输入端的_____效果，要求具有_____和过电压保护功能。

(3) 油电混合动力汽车的 DC/DC 变换器工作的前提，是要让车辆处于_____状态。

(4) DC/DC 变换器总成工作时，用万用表检测低压辅助蓄电池电压，此时电压应为_____左右。

Step3. 规划

接受并解析委托书，讨论如何达到消除 P1EC200 故障码的目的。

1. 根据车辆实际的故障现象，制订针对该故障现象的维修作业计划。

① 通过万用表测量低压蓄电池正负极的电压，测得电压为 16 V。

② 优先排查低压蓄电池是否损坏，若损坏，则应检修或更换低压蓄电池。

③ 检查低压发电机输出电压是否小于 16 V，直接测试发电机输出端的电压，如果不正常，则检修或更换低压发电机。

④ 若低压蓄电池与低压发电机均正常，则考虑更换驱动电机控制器与 DC/DC 总成。

2. 按照故障检测思路，制订维修作业计划。

作 业 流 程		
序号	作业项目	操作要点
1	维修作业前检查及车辆防护	作业前准备及车辆防护
2	低压蓄电池电压测量	要拆下负极线束再测量
3	低压发电机电压测量	要断开低压发电机正极端子
4	DC/DC 总成输出电压测量	要断开 DC/DC 输出端子
5	故障验证	试车验证

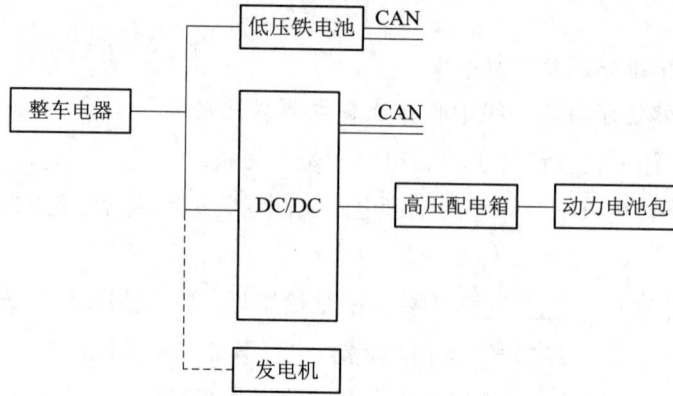

DC/DC 总成框图

Step4. 决策

根据 DC/DC 总成框图列出找到 P1EC200 故障码原因的流程。

_____

_____

_____

_____

_____

Step5. 执行

根据 Step4. 决策所确定的流程完成下列事项(如不涉及可不填)。

1. 安全注意事项：_____

2. 工作方案：_____

_____

_____

_____

3. 场地、设备及车辆：

_____

_____

_____

_____

_____

4. 在组长的组织下完成执行过程记录，形成展示的海报。

_____

_____

_____

_____

Step6. 检查

1. 检查工具是否全部归位；
2. 检查设备是否全部归位；
3. 检查工作场地是否清洁。

Step7. 评判

自我反思，发现自己的不足，对实操过程进行总结和评价。或者针对实操过程中其他组的同学表现进行评价，评价指标不限于以下内容。

评价内容	评价指标(各项满分 10 分)	评价结果
工具设备	工具使用规范：有落地扣 1 分，工具选用错误扣 1 分，工具摆放凌乱扣 1 分，工具未清洁扣 1 分	
流程掌握	流程漏项扣 1 分，流程错误扣 3 分，没有流程为 0 分	
交流互助	由于交流不到位导致工作不畅扣 1 分，实习过程中没有交流扣 1 分	
完成速度	第一得 10 分，第二得 8 分，第三得 7 分	
安全意识	在操作中出现安全隐患得 0 分，车辆保护未到位扣 2 分	

Step8. 系统化

通过老师对学习成果的总结，对预备知识和后续学习情景之间的联系进行记录，并记录下节课的学习任务。

_____

_____

_____

插电式混合动力汽车真的省钱吗

插电式混合动力汽车(Plug-in Hybrid Electric Vehicle，PHEV)在省钱方面确实具有一定的优势，但具体是否省钱还需考虑多个因素，包括购车成本、使用成本、政策补贴等。以下是对插电式混合动力汽车省钱与否的详细分析。

1. 购车成本

插电式混合动力汽车的购车成本通常高于同款的纯燃油汽车，这主要是因为其增加了电池组、电动机等电动驱动系统。然而，随着新能源汽车技术的不断成熟和产量的增加，插电式混合动力汽车的购车成本正在逐渐降低。此外，许多国家和地区为鼓励新能源汽车的普及，提供了购车补贴政策，这也在一定程度上降低了购车成本。

2. 使用成本

插电式混合动力汽车在使用成本上相对于纯燃油汽车具有显著优势。这主要体现在以下几个方面：

(1) 燃油经济性。在混合动力模式下，插电式混合动力汽车能够充分利用电动机的低能耗特性，在起步、加速等阶段减少燃油消耗。同时，当电池电量充足时，车辆可以仅依靠电动机行驶，实现零油耗。因此，在综合工况下，插电式混合动力汽车的燃油经济性通常优于同款的纯燃油汽车。

(2) 电费成本。插电式混合动力汽车支持外接电源充电，使用电力作为动力源时成本较低。尤其是在家庭充电场景下，利用夜间低谷电价进行充电可以进一步降低电费成本。

(3) 保养成本。虽然插电式混合动力汽车的保养项目与纯燃油汽车相似，但由于其动力系统更加复杂，一些高端车型的保养成本可能会略高。然而，随着技术的普及和市场竞争的加剧，保养成本也有望逐渐降低。

3. 政策补贴与税收优惠

许多国家和地区为鼓励新能源汽车的普及，提供了购车补贴、免征购置税等优惠政策。这些政策可以显著降低插电式混合动力汽车的购车成本和使用成本。例如，在中国市场，购买新能源汽车可以享受免征购置税的优惠政策，同时部分地区还提供了购车补贴和充电设施建设补贴等。

4. 综合评估

综上所述，插电式混合动力汽车在使用成本上相对于纯燃油汽车具有显著优势，尤其是在燃油经济性和电费成本方面。同时，政策补贴和税收优惠也进一步降低了其购车成本和使用成本。然而，需要注意的是，购车成本仍然是插电式混合动力汽车相对于纯燃油汽车的一个不利因素。因此，在决定是否购买插电式混合动力汽车时，消费者需要综合考虑自身经济条件、用车需求以及政策环境等多个因素。

　　总的来说，插电式混合动力汽车在一定程度上是省钱的，但具体省钱程度还需根据具体情况进行评估。

思 考 与 练 习

一、单项选择题

1. 混合动力汽车的英文简称是(　　)。

A. BEV
B. FCEV
C. HEV
D. CAR

2. 混合动力汽车的主要工作原理是(　　)。

A. 仅依靠电动机驱动
B. 仅依靠内燃机驱动
C. 内燃机与电动机协同工作
D. 太阳能与电动机协同工作

3. 以下哪种电池是混合动力汽车中常用的蓄电池类型(　　)。

A. 铅酸蓄电池
B. 镍镉电池
C. 锂离子电池
D. 锌空气电池

4. 混合动力汽车的哪种工作模式在起步和加速时能够显著降低油耗(　　)?

A. 仅发动机驱动
B. 仅电动机驱动
C. 发动机和电动机联合驱动
D. 制动能量回收

5. 关于混合动力汽车的再生制动系统，以下说法正确的是(　　)。

A. 将车辆的动能转化为热能
B. 将车辆的动能转化为化学能
C. 将车辆的动能转化为电能
D. 再生制动系统不产生能量转换

6. 混合动力汽车相比传统燃油车的主要环保优势是(　　)。

A. 排放的废气更清洁
B. 噪音更小
C. 动力更强
D. 车身更轻

7. 混合动力汽车按照动力系统结构形式划分，不包括以下哪种类型(　　)?

A. 串联式混合动力汽车
B. 并联式混合动力汽车
C. 外接充电型混合动力汽车
D. 混联式混合动力汽车

二、简答题

1. 混合动力汽车相比传统燃油汽车有哪些优势?
2. 混合动力汽车的未来发展趋势是什么?

项目6　五菱 G100 汽车驱动系统台架介绍

项目描述

五菱 G100 整车部件可以分为整车控制系统(仪表+低压用电设备)、电池系统(BMS+电池组)、辅驱三合一系统(含 PDU+DC/DC+车载充电机 OBC)、电机控制器(MCU)+电机、空调系统(空调+PTC)和充电系统(交流充电+直流充电)。本项目通过在五菱 G100 汽车驱动系统台架上练习,学习汽车驱动系统的故障排除方法,为在整车上进行故障排除与维修打下基础。本项目主要介绍了五菱 G100 汽车驱动系统台架组成及组成的主要部件、台架的线束使用,以达到掌握汽车驱动系统故障排除的方法。

任务 6.1　学会使用五菱 G100 汽车驱动系统台架

任务目标

知识目标	技能目标	素养目标
认识五菱 G100 汽车驱动系统台架组成	能在五菱 G100 汽车驱动系统台架上指出组成部件的名称	培养职业规范意识,严格遵守设备操作规程,养成严谨的工作态度
熟悉五菱 G100 汽车驱动系统台架主要部件	能在台架上指出主要部件的组成	
线束使用	能在五菱 G100 汽车驱动系统台架上指出线束使用情况	

6.1.1　五菱 G100 汽车驱动系统台架组成认识

本台架采用五菱 G100 汽车驱动电机系统。

五菱 G100 汽车驱动电机系统工作原理:整车控制器接收到驾驶员意图(如加速、制动等)并结合整车安全和车辆电气系统运转状况(如过温、欠压等),给到电机控制器详细指令(如转速、转矩指令等),电机控制器做出响应,改动电源电流、电压、频率等参数,使得电机的运转状况契合整车控制器的需求。其中逆变器接收电池输送过来的直流电电能,逆变成三相交流电给汽车电机提供电源,其次控制器接受电机转速等信号反馈到仪表,当发生制动或者加速行为时，控制器控制变频器频率的升降，从而达到加速或者减速的目的。

　　本台架包括驱动电机，电机控制器(MCU)，电路面板，水箱以及散热器等，如图 6-1 和图 6-2 所示。

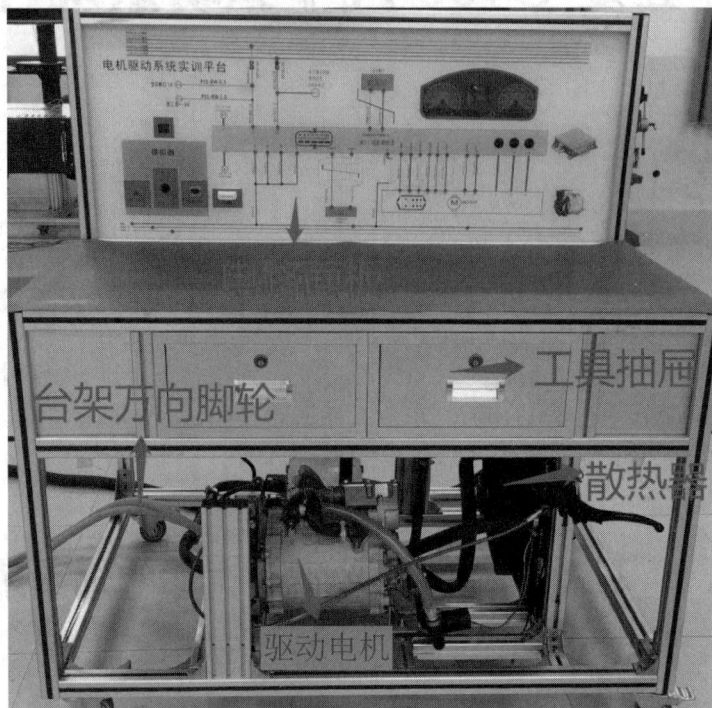

图 6-1　台架正面图

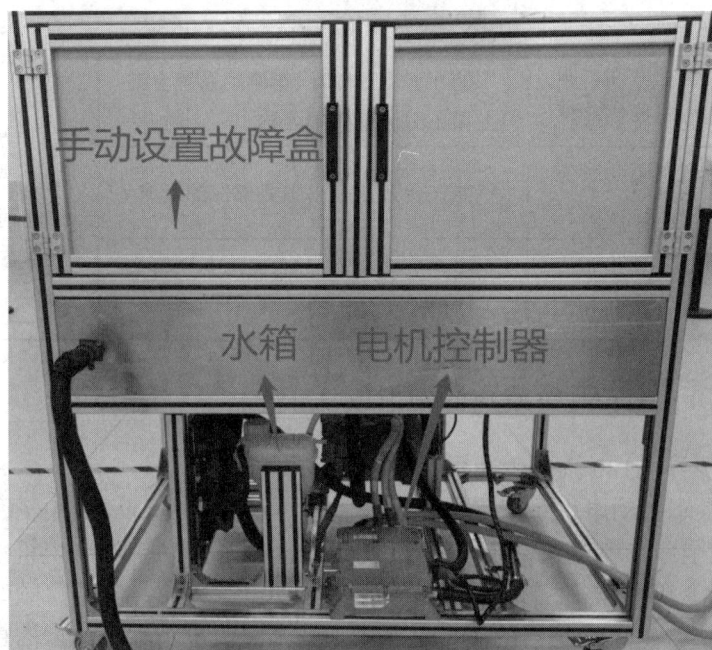

图 6-2　台架背面图

6.1.2　五菱 G100 汽车驱动系统台架主要部件介绍

1. 电机控制器

电机控制器结构如图 6-3 所示。

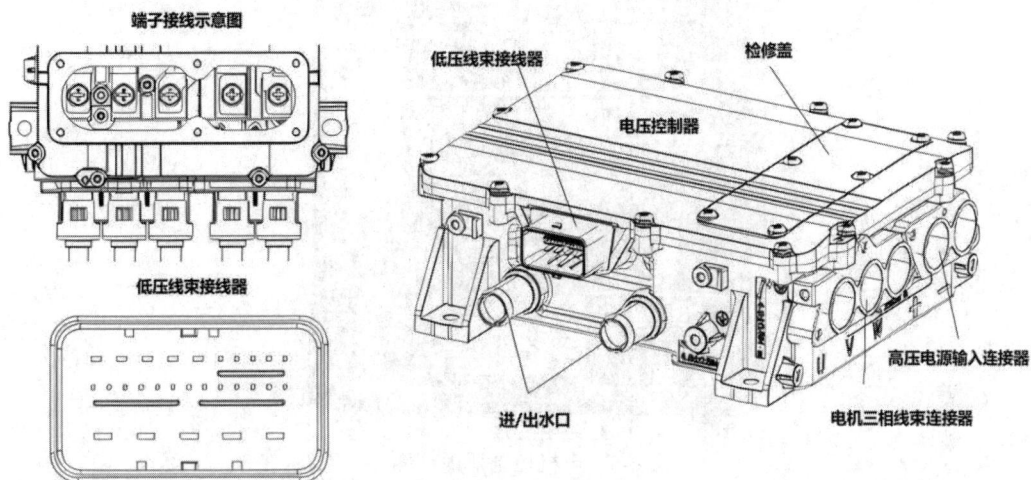

图 6-3　电机控制器结构图

五菱 G100 汽车电机控制器有两层结构：上层为控制器部分，下层为 IGBT 电力变换模块。控制器通过脉宽调制信号等控制驱动板，实现对逆变器的控制。整车控制器接收到驾驶员意图(如加速、制动等)并结合整车安全和车辆电气系统运转状况(如过温、欠压等)，给到电机控制器详细指令(如转速、转矩指令等)，电机控制器做出响应，改动电源电流、电压、频率等参数，使得电机的运转状况契合整车控制器的需求。其次控制器接收到电机转速等信号反馈到仪表，当发生制动或者加速行为时，控制器控制变频器频率的升降，从而达到加速或者减速的目的。

图 6-4 为电机控制器实物图，图 6-5 为电机控制器内部图，图 6-6 为电机控制器接线实物图。

图 6-4　电机控制器实物图

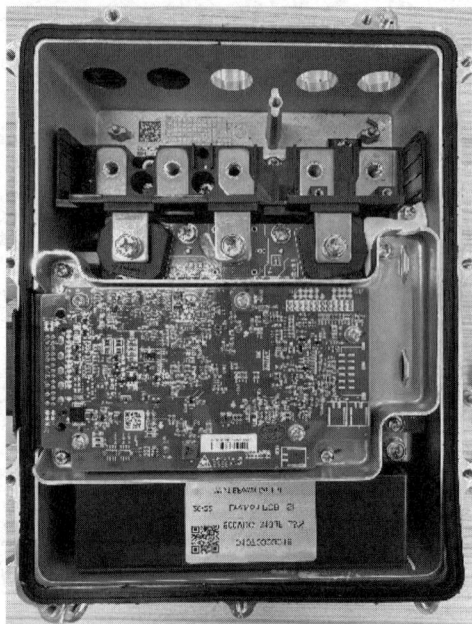

图 6-5　电机控制器内部图

图 6-6　电机控制器接线实物图

五菱 G100 汽车的电机控制器参数如表 6-1 所示。

表 6-1　电机控制器参数

冷却方式	水冷
额定输入电压/V	336
额定输出电压/V	237
持续工作电流/A	120
峰值输出电流/A	280
额定功率/kW	50
防护等级	IP67
工作环境温度/℃	−40～65

2. 电机

电机是一种转换、传递电能的设备，主要作为电动汽车的动力源。本台架采用永磁同步电机(Permanent Magnet Synchronous Motor，PMSM)，如图 6-7。动力电池通过直流母线至分线盒，再到电机控制器，由电机控制器将直流电转换成三相交流电，并通过控制算法驱动整个电机启动。永磁同步电机具有高效、高控制精度、高转矩密度、良好的转矩平稳性及低振动噪声的特点。

图 6-7　电机实物图

五菱 G100 电机相关参数信息，如图 6-8 所示：

电机峰值扭矩(N·m)：体现爬坡能力，爬坡坡度。

电机峰值功率(kW)：体现加速能力，加速时间。

电机额定功率(kW)：体现最高车速(持续)能力，30 min 最高车速。

电机最高转速(r/min)：体现最高车速(瞬时)能力，1 km 最高车速。

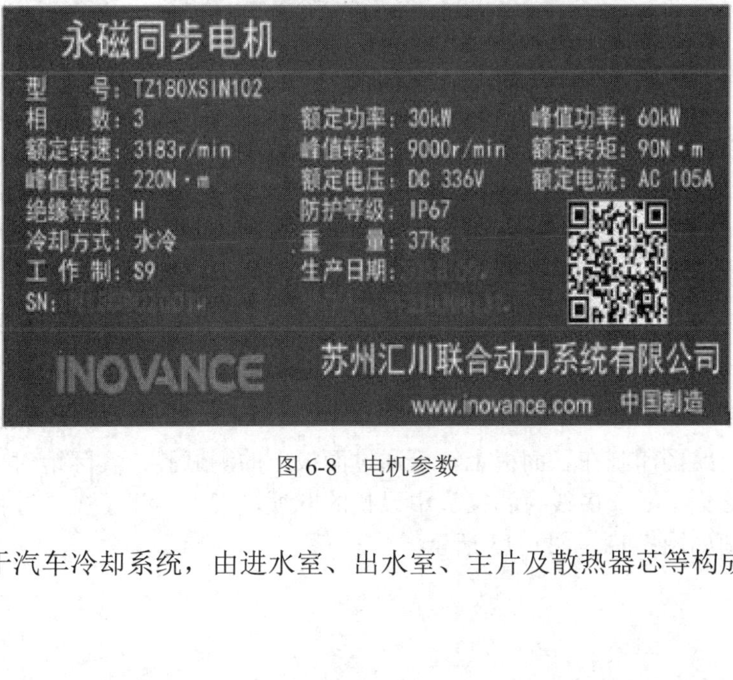

图 6-8　电机参数

3. 散热器

散热器属于汽车冷却系统，由进水室、出水室、主片及散热器芯等构成。它通过特定的机制将零部件工作时产生的热量有效散发到外界，以保证各器件能够在适宜的温度范围内持续、稳定地运行。目前，汽车散热器主要采用铝和铜两种材质，铝制散热器因其轻量化和良好的散热性能，被广泛应用于大部分乘用车。散热器实物如图 6-9 所示，散热器风扇实物如图 6-10 所示。

图 6-9　散热器实物图

图 6-10　散热风扇实物图

4. 副水箱

本台架的电机与电机控制器采用液冷这一冷却方式，副水箱具有一定的储存冷却液的功能。在冷却系统中，冷却液需要不断地循环流动以带走热量，而副水箱则作为冷却液的储存容器，确保冷却系统中有足够的冷却液可供使用。同时，副水箱还具有一定的缓冲作用，能够减小冷却液在循环过程中产生的压力波动。副水箱实物如图 6-11 所示。

5. 电路面板

本台架将电路图印制在了面板上，可通过面板上的测试孔，实际地对电路中的相应位置进行测量，省去了在众多线束和接头中寻找的麻烦，大大简化了操作过程。台架电路面板和电路图分别如图 6-12、图 6-13 所示。

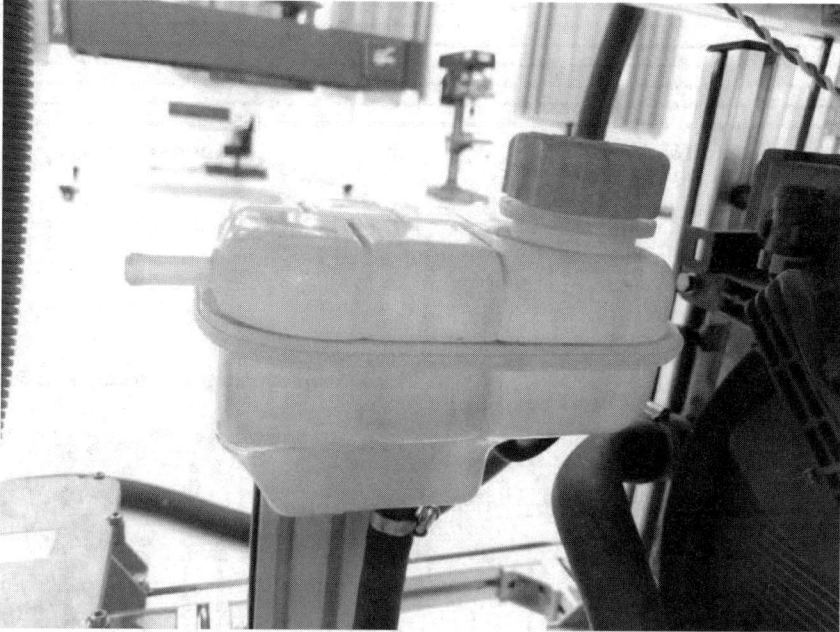

图 6-11　副水箱实物图

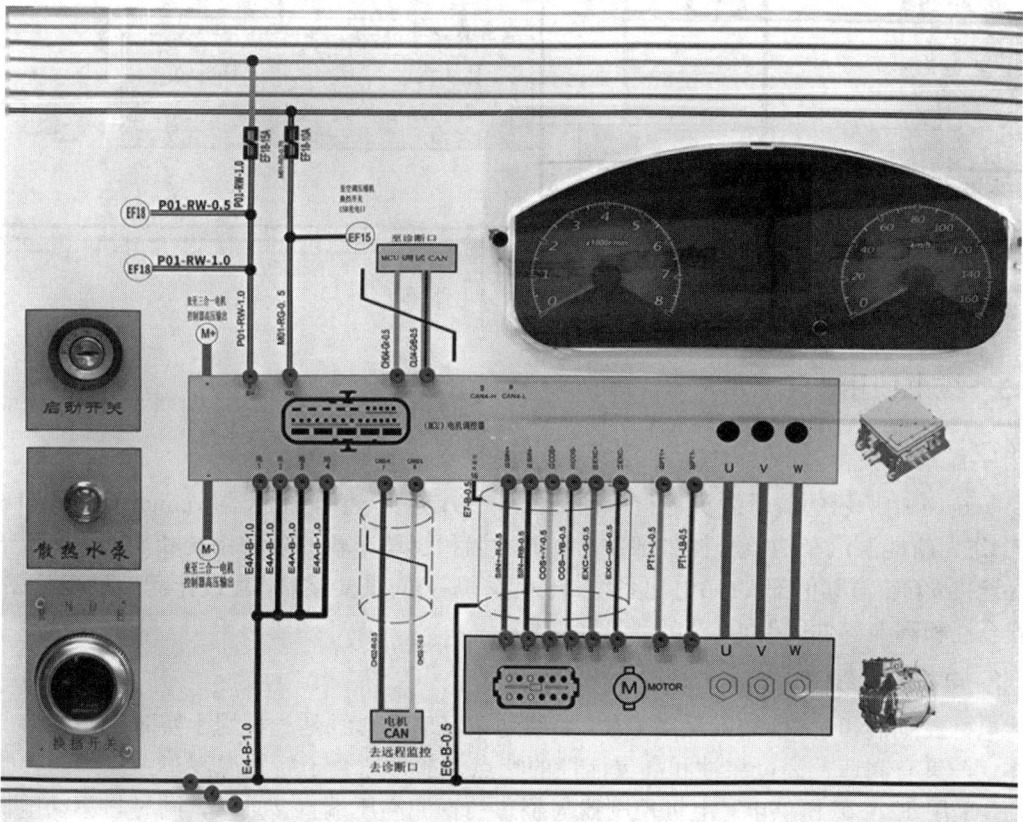

图 6-12　台架电路面板

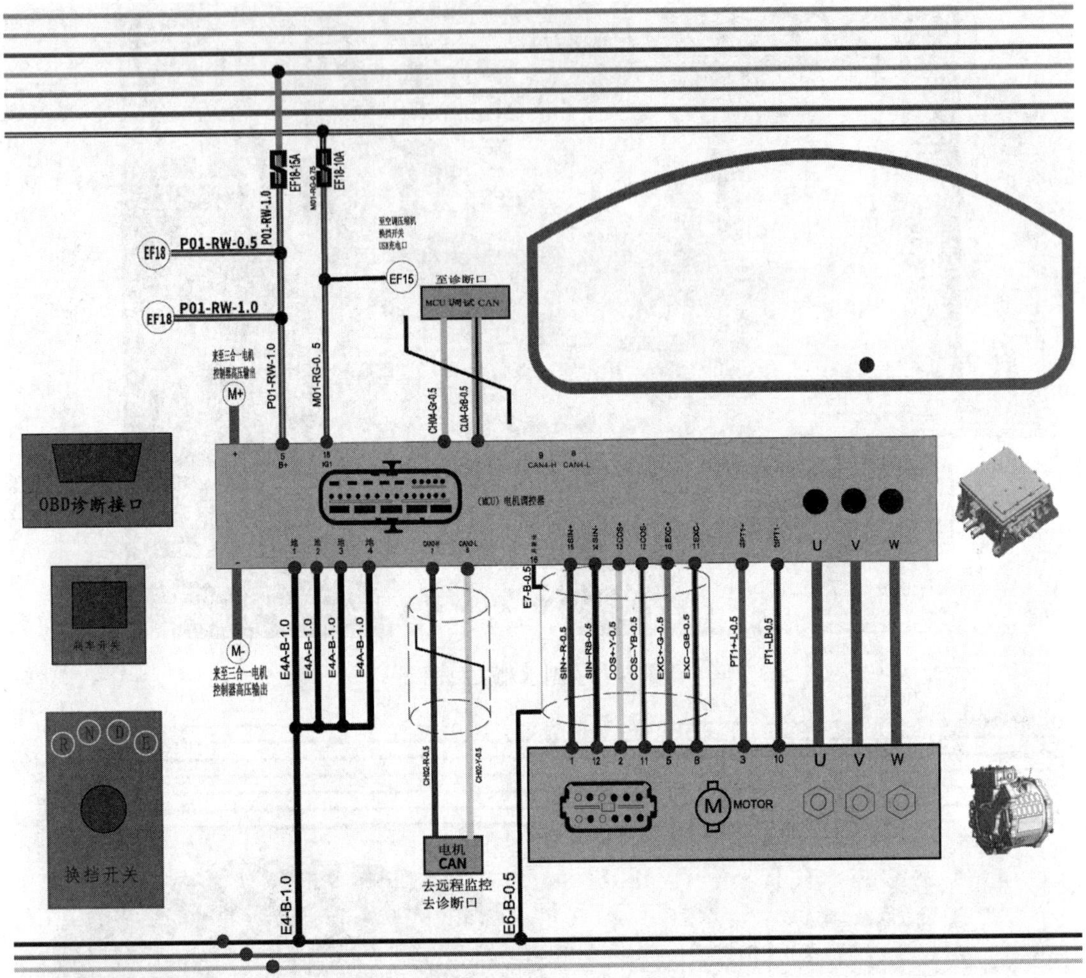

图 6-13　台架电路图

6.1.3　线束使用

1. 航母插头

图 6-14 中所示的航母插头与整车控制器(VCU)连接。整车控制器(Vehicle Control Unit, VCU)作为新能源汽车的核心控制部件，负责协调和管理车辆的各种系统和功能。航母插头作为连接 VCU 与其他部件(如电池系统、电机系统等)的重要接口，其设计需满足高可靠性、高安全性和高兼容性的要求。

2. 电机驱动线束

电机控制器和 VCU 之间采用 CAN 总线通讯。CAN 总线是一种用于实时应用的串行通讯协议，具有高速、高可靠性和高灵活性的特点，非常适合于新能源汽车中复杂的控制系统，其采用 12 V 低压供电。电机控制器与整车的直流高压端直接连接，同时与驱动电机的三相端直接连接。电机驱动线束的正面与侧面如图 6-15 所示。

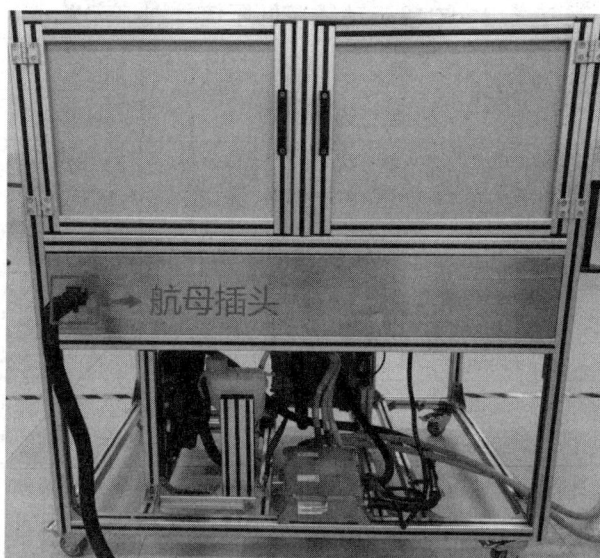

图 6-14　航母插头位置图

(a) 电机驱动线束正面

(b) 电机驱动线束侧面

图 6-15　电机驱动线束

电机驱动线束低压信号端口如图 6-16 所示，低压信号端口定义如表 6-2 所示。

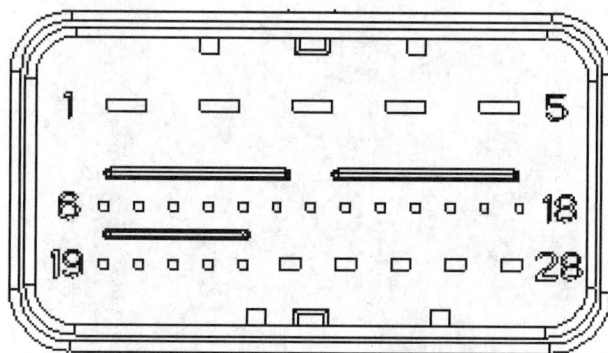

图 6-16　电机驱动线束低压信号端口

表 6-2　电机驱动线束低压信号端口定义

针脚号	定义	功　能	针脚号	定义	功　能
1	PE	车架地	15	SIN-P	旋变回收正弦信号
2	COM	盲堵	16	COM	信号地
3	COM	信号地	17	COM	信号地
4	KL30-	电池电源负，8~18 V 正常工作	18	KL15	ON 挡信号
5	KL30+	电池电源正，8~18 V 正常工作	19	MT+	电机温度检测正端，类型可选(默认 PT100)
6	CANB L	数据交互，有 120 Ω 终端电阻	20	MT-	电机温度检测负端，类型可选(默认 PT100)
7	CANB H	数据交互，有 120 Ω 终端电阻	21	NA	盲堵
8	CANAL	监控、烧录。默认有终端电阻	22	NA	盲堵
9	CANAH	监控、烧录。默认有终端电阻	23	COM	信号地
10	EXC-P	旋变激励信号	24	D1	盲堵
11	EXC-N	旋变激励信号	25	A11	盲堵
12	COS-N	旋变回收余弦信号	26	A12	盲堵
13	COS-P	旋变回收余弦信号	27	COM	信号地
14	SIN-N	旋变回收正弦信号	28	COM	盲堵

3. 电机接口

电机控制器与驱动电机的连接主要通过三相输出端子实现，三相电机的接线方式主要有星形(Y)接法和三角形(△)接法两种。在星形接法中，电机的三个绕组尾端(或首端)相连，形成公共点(中性点)，然后三个首端(或尾端)分别接到电机控制器的三相输出端子上。在三角形接法中，电机的三个绕组首尾相连，形成一个闭合的三角形回路，每个连接点连接到电机控制器的三相输出端子上。电机接口示意图如图 6-17 所示。

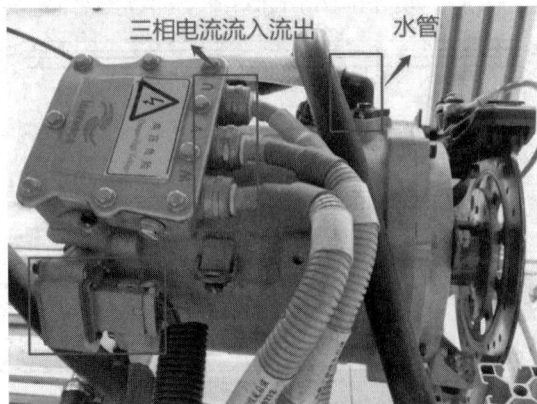

图 6-17　电机接口示意图

6.1.4 任务实施

实训题目	认识五菱 G100 汽车驱动系统台架			
工具				
班级		时间		地点

内　　容

Step1. 导学

1. 你的主管让你向其他的机电维修技师介绍五菱 G100 汽车驱动系统台架的结构组成和使用方法，你能完成这个任务吗？

2. 老师带领学生一起分析完成用户委托所需具备的能力：

_____

_____

_____

_____

_____

请在规定的时间内(360 min)合理使用老师提供的资源完成用户委托。

Step2. 信息

1. 作业前准备。

(1) 保证规范的着装；

(2) 在台架周围应当拉设_____；

(3) 为了防止台架着火，发生火灾，应当在作业前检查_____

_____；

(4) 在台架前方需要放置_____；

(5) 为了保证我们的安全，在工作前我们要穿戴好_____

_____。

2. 检查所需要用到的检修工具。

作业所需要用到的设备有：

a. 常规防护装备(工作服、绝缘劳保鞋、护目镜、绝缘头盔、绝缘手套)；

b. 车辆、台架、总成等。

3. 基本知识。

(1) 本台架驱动电机系统工作原理为：整车控制器接受到_____并结合_____和_____，给到_____详细指令，电机控制器做出响应改动电源_____、_____、_____等参数，使得电机的运转状况契合整车控制器的需求。其中_____接收电池输送过来的直流电电能，逆变成_____给电机提供电源，其次控制器接受电机转速等信号反馈到仪表，当发生_____行为时，控制器控制变频器频率的升降，从而达到加速或者减速的目的。

(2) 本台架包括_____、_____、_____、水箱以及散热器。

Step3. 规划

接受并解析委托书，思考如何向其他的机电维修技师介绍五菱 G100 汽车驱动系统台架的结构组成和使用方法。

1. 根据台架，制订介绍计划。

(1) 在台架上依次寻找并指出驱动电机、驱动电机散热器；

(2) 描述出冷却液在台架上整个管路里的流动方向。

2. 在台架上依次找到下表中的零部件或标识。

驱动电机	□已找到
电机标识	□已找到
电机控制器	□已找到
三相线	□已找到
冷却水泵	□已找到
冷却风扇	□已找到
散热器	□已找到
膨胀水壶	□已找到
航空插头	□已找到

Step4. 决策

　　列出向其他的机电维修技师介绍五菱 G100 汽车驱动系统台架的结构组成和使用方法的流程。

_____

_____

_____

_____

_____

Step5. 执行

　　根据 Step4. 决策所确定的流程完成下列事项(如不涉及可不填)。

1. 安全注意事项：_____

2. 工作方案：_____

_____

_____

_____

_____

3. 场地、设备及车辆：

_____

_____

_____

_____

4. 在组长的组织下完成执行过程记录，形成展示的海报。

_____

_____

_____

_____

_____

Step6. 检查

1. 检查工具是否全部归位;
2. 检查设备是否全部归位;
3. 检查工作场地是否清洁。

Step7. 评判

自我反思,发现自己的不足,对实操过程进行总结和评价。或者针对实操过程中其他组的同学表现进行评价,评价指标不限于以下内容。

评价内容	评价指标(各项满分 10 分)	评价结果
工具设备	工具使用规范:有落地扣 1 分,工具选用错误扣 1 分,工具摆放凌乱扣 1 分,工具未清洁扣 1 分	
流程掌握	流程漏项扣 1 分,流程错误扣 3 分,没有流程为 0 分	
交流互助	由于交流不到位导致工作不畅扣 1 分,实习过程中没有交流扣 1 分	
完成速度	第一得 10 分,第二得 8 分,第三得 7 分	
安全意识	在操作中出现安全隐患为 0 分,车辆保护未到位扣 2 分	

Step8. 系统化

通过老师对学习成果的总结,对预备知识和后续学习情景之间的联系进行记录,并记录下节课的学习任务。

_____

_____

_____

_____

拓展阅读

新能源汽车高压安全防护

1. 电的基础知识

电是一种自然现象，指静止或移动的电荷所产生的物理现象。电具有导电性、绝缘性、电流、电势差、电阻、电容、磁性等基本性质。对电的理解有利于我们更好地利用电创造和改善人们的生活。

2. 电的危害

1）高压触电

电在我们的生活中发挥着重要作用，但是不正确的操作会带来触电的危险。当人体和电源构成闭合回路时，就会有电流流过人体，一旦超过安全值，就会引发触电事故，如图 6-18 所示。

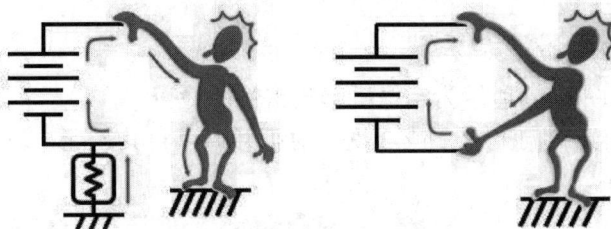

图 6-18　高压触电

2）电流对人体的影响

电流对人体的伤害与通过人体的电流大小和通电时间有关，不同电流大小通过人体对于人体的伤害可以分为四个范围，如图 6-19 所示。

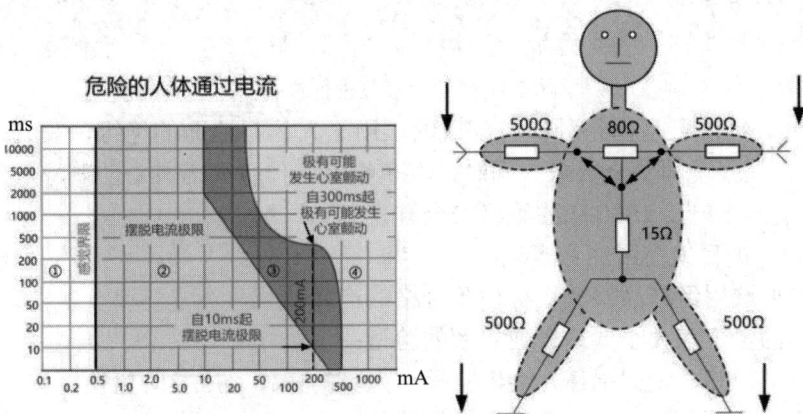

图 6-19　电流对人体的影响

范围①：无明显感觉。

范围②：感知电流，直至肌肉收缩。该区域也是摆脱电流范围，摆脱电流是指人体触电后能自主摆脱电源的最大电流。实验表明，超过 2 s，成年男性的平均摆脱电流约为 16 mA，成年女性的平均摆脱电流约为 10 mA。一旦超过摆脱电流极限，会造成致命伤害。

范围③：发生肌肉痉挛、呼吸困难。当电流为 200 mA，触电自 300 ms 起，极有可能发生心室颤动。

范围④：心室颤动、呼吸和心跳停止。该区域极可能发生致命事故，此外，不同性别，身体不同部位的接触、皮肤表面的干燥程度等也会直接影响通过人体的电流大小。

3) 触电的伤害

带有高压系统的车辆维修中，触电事故给人带来的伤害有电击和电伤。电击指电流可能会对人体内部组织造成损伤，如心脏、肺部、神经系统等，使人出现窒息、痉挛、心跳骤停等症状。电伤指人体在触电时，电流可能会产生热效应、化学效应和电刺激，从而对人体产生电灼伤害。

3. 防护措施

由于新能源汽车动力系统使用的是高压电，所以在维护操作中必须做好安全防护工作。其安全防护装置主要有：绝缘手套、绝缘鞋、安全帽、护目镜、绝缘胶垫、绝缘钩、绝缘工具等。

1) 个人穿戴高压安全相关设备

(1) 绝缘手套。图 6-20 所示为绝缘手套气密性的检查。

将手套侧放，将开口向上卷 2 或 3 次，对折开口以将其封死，放在耳边挤压，确保没有空气泄漏。

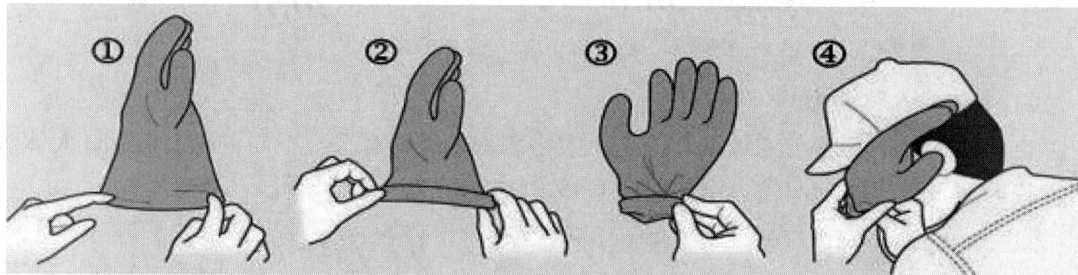

图 6-20　绝缘手套气密性检查

(2) 绝缘鞋。绝缘鞋是由特种橡胶制成的，用于人体与地面的绝缘，具有良好的绝缘性能和一定的物理强度和安全要求。同时，汽车维修工作鞋还需具备防刺穿、防砸要求，推荐使用适用于工作电压 1000 V 的绝缘安全鞋。

(3) 护目镜。护目镜使用注意事项：

① 护目镜要选用经产品检验机构检验合格的产品；

② 护目镜的宽窄和大小要适合使用者的脸型；

③ 镜片磨损粗糙、镜架损坏，会影响操作人员的操作，应及时更换；

④ 防止重压重摔，防止坚硬的物品磨擦镜片。

(4) 安全帽。使用安全帽注意检查：

① 外观完好，无破损；

② 两侧织带完好，长度调整合适，确认卡扣性能良好；

③ 安全帽符合国家技术规定。

2) 工位设置高压安全相关设备

在维修电动汽车前需要设置安全作业区域，提醒其他人员不要进入该施工区域。为此，需要采用相应的安全隔离措施，使用警戒栏进行工位的隔离，铺放绝缘胶垫，并树立高压警示牌，如图 6-21 所示，以警示相关人员，避免发生安全事故。

图 6-21　高压警示牌

4. 高压触电事故处理

1) 人体触电事故处理

在带有高电压的车辆中，高电压系统的技术安全措施可有效防止高压电对人体产生危害。如果发生触电事故，知道如何正确救助事故人员十分重要。

(1) 判断是否属于带电流的事故。发生带电流的事故时，首要措施是断开事故电路。在确保自身安全的情况下，关闭电源或使用绝缘工具使事故人员脱离电源。

(2) 拨打急救电话，报告事故地点、受伤人员、类型等。

(3) 在等待过程中，查看事故人员的状况。如果事故人员有意识和呼吸，将事故人员置于安全环境，保持稳定侧卧状态，如图 6-22 所示。

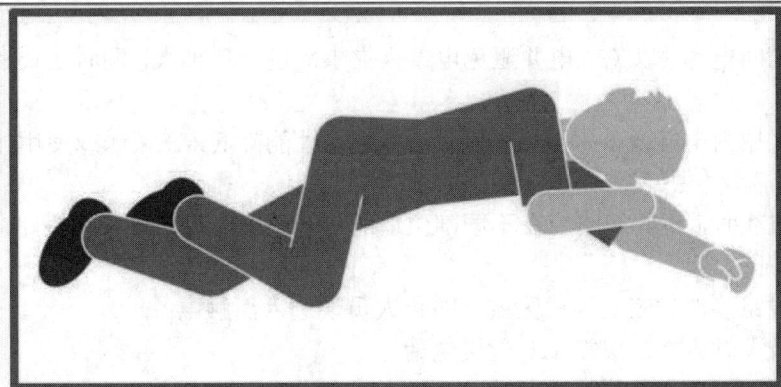

图 6-22　事故人员侧卧姿势

(4) 如果事故人员失去知觉且不再呼吸，必须立即开始采取心肺复苏措施。心肺复苏措施包括交替按压胸腔和人工呼吸，流程如图 6-23 所示。必须持续执行该措施，直至事故人员恢复呼吸能力或救援服务人员到来。执行心肺复苏需接受专业的培训，操作不当会对事故人员造成严重伤害。

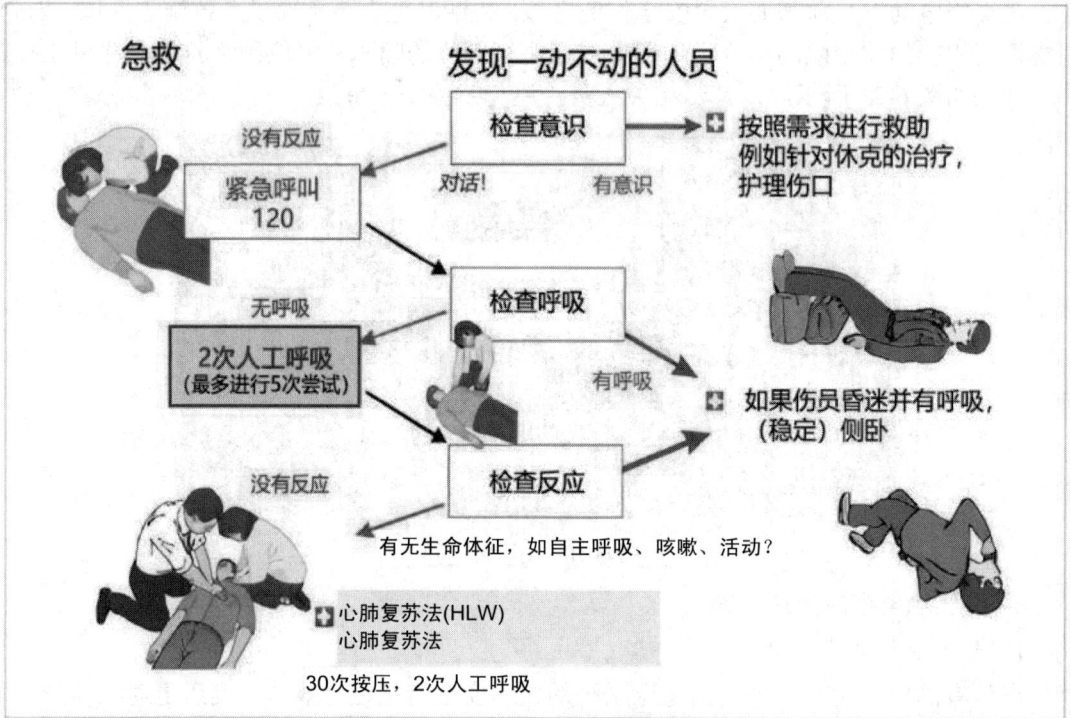

图 6-23　心肺复苏流程图

(5) 每次发生带电流的事故时，都必须到医院检查。电流不仅有短期危害健康的作用，而且其影响会在几小时、几天或几星期后才出现。

2) 电气火灾处理

(1) 普通电气火灾处理。在发生电气火灾时，应按照紧急防护规范对火情进行如下处理：

① 首先切断电源，以免触电并避免电气火灾事故进一步扩大，同时还要在第一时间救出被困人员；

② 火灾区域内电气设备由于受潮及烟熏，绝缘性能降低，在接触或使用相关电气设备时要使用绝缘工具并做好个人安全防护；

③ 剪断电线时，不同线路应在不同部位剪断，以免发生两相或三相短路，架空线路在支撑物附近断开；

④ 带电线路接地时应设警戒区域，防止人员误进入而触电；

⑤ 火情较大时应立即拨打 119 救援电话。

(2) 电池火灾处理。在发生电池火灾时，应立即做如下处理：

① 如果遭遇小火灾，火焰没有蔓延到高压电池部分，可以采用 ABC 干粉灭火器或二

氧化碳灭火器进行灭火；

② 彻底检查火情时，在接触或使用相关电气设备时要使用绝缘工具并做好个人安全防护；

③ 如果高电压电池在火灾中发生了弯曲、扭曲、损坏等变形，应立即使用水基灭火器，并寻找附近的消防用水通道，消防用水要有充足的量；

④ 电池着火可能需要 24 小时才能完全扑灭，使用热成像摄像头可以确保高电压电池在事故结束前完全冷却，如果没有热成像摄像头，就必须监控电池是否存在复燃的可能，冒烟表示电池仍然很热，监控应至少持续到电池不再冒烟 1 小时之后。

思 考 与 练 习

一、单项选择题

1. 五菱 G100 汽车驱动系统采用(　　　)。

A. 永磁同步电机　　　　　　　　　　B. 三相交流异步电机

C. 开关磁阻电机　　　　　　　　　　D. 直流电机

2. 电机控制器和 VCU 之间采用(　　　)供电。

A. 12 V 低压　　　　　　　　　　　　B. 201.6 V

C. 380 V　　　　　　　　　　　　　　D. 640 V

3. 电机控制器和驱动电机的三相端(　　　)连接。

A. 直接　　　　　　　　　　　　　　B. 间接

C. 不　　　　　　　　　　　　　　　D. 以上都不对

4. 以下属于高压操作过程中的个人防护设备的有(　　　)。

A. 电绝缘手套　　　　　　　　　　　B. 防毒面罩

C. 钳型电流表　　　　　　　　　　　D. 耳罩

5. 发现高压触电，断开电源确保自身安全的前提下，发现触电者发生心脏心跳呼吸骤停，怎么办(　　　)?

A. 断开电源　　　　　　　　　　　　B. 评估自身环境安全，做好自身保障

C. 进行心肺复苏　　　　　　　　　　D. 人工呼吸

二、填空题

1. 五菱 G100 汽车电机控制器有两层结构：上层为_____，下层为_____。

2. 解释五菱 G100 汽车电机相关参数信息。

电机峰值扭矩(N·m)：_____。

电机峰值功率(kW)：_____。

电机额定功率(kW)：_____。

电机最高转速(r/min)：_____。

3. 电机控制器和 VCU 之间采用＿＿＿＿＿＿＿＿通信。

4. 控制器通过＿＿＿＿＿＿＿信号等控制驱动板，实现对逆变器的控制。

三、问答题

1. 识别五菱 G100 汽车驱动系统台架主要部件。

2. 识别五菱 G100 汽车驱动系统台架线束使用情况。

参 考 文 献

[1] 王步来，张海刚，陈岚萍. 电机与拖动基础[M]. 西安：西安电子科技大学出版社，2016.

[2] 徐念峰. 新能源汽车电机及传动系统拆装与检测[M]. 北京：北京理工大学出版社，2020.

[3] 李仕生，张科. 新能源汽车驱动电机及控制系统检修[M]. 北京：机械工业出版社，2022.

[4] 徐景慧，胥泽民，彭宇福. 新能源汽车驱动电机系统检测维修[M]. 北京：北京理工大学出版社，2020.

[5] 赵海宾，刘国新. 新能源汽车驱动电机及控制技术[M]. 北京：机械工业出版社，2024.